부동산 시장이 재편된다

이재명
시대
부동산

부동산 시장이 재편된다

이재명
시대
부동산

삼토서(강승우) 지음

위즈덤하우스

정권 교체와 부동산 시장,
지금 우리는 어디에 서 있는가?

나는 2024년 11월 말, 전작 《상급지 입성 마지막 기회가 온다》를 출간하면서 공급 부족과 금리 인하가 맞물리는 2026년 이후를 감안해 2025년 상반기까지의 일시적 과공급 구간을 서울 부동산 매수 기회로 활용하라고 제안했다. 그러나 2024년 12월 3일에 일어난 비상계엄은 이런 가정 자체를 송두리째 뒤흔들었고, 우리 사회는 혼란의 소용돌이 속으로 빠져들었다.

부동산 시장은 정권의 성격에 따라 흐름이 바뀐다. 문재인 정부 시절, 집값은 폭등했고 규제는 강화됐다. '똘똘한 한 채'라는 말은 일상어가 됐다. 2025년, 예상치 못한 변수로 정권이 교체되고 이재명 정부가 출범하자 시장은 다시 방향을 묻고 있다.

"이 정부는 집값을 잡으려는 걸까, 올리려는 걸까?"

"지금 사야 하나, 아니면 기다려야 하나?"

"앞으로 있을 주요 변수는 어떤 것들일까?"

정권 교체는 단순한 행정권 이양이 아니다. 시장의 규칙이 바뀐다는 뜻이다. 대출 규제, 세금 정책, 공급 방식, 금리 기조까지 정부의 방향성은 결국 실수요자와 투자자 모두의 의사 결정에 영향을 준다. 그런 의미에서 2025년, 이재명 정부의 출범은 또 하나의 거대한 전환점이다.

이재명 정부가 과거 정부의 규제를 되돌릴지 혹은 또 다른 방식의 개입을 시도할지는 여전히 예단하기 어렵다. 그러나 중요한 것은 '정책 변화의 방향성과 속도'를 읽는 것이다. 그 속에서 우리는 진짜 변화가 시작된 것인지, 어떤 곳에 기회가 있는지, 어디서 위험을 피해야 하는지를 냉정하게 판단해야 한다.

이 책은 그 해답을 찾기 위한 여정이다. 과거 정권들의 정책과 규제를 복기하고 현재 발표된 정책들을 분석하며 시장에 영향을 줄 수 있는 핵심 변수들을 하나씩 짚어보고자 한다. 내가 그간 시장에서 경험하고 분석하고 고민해온 기준들을 토대로 "지금 우리는 어디에 서 있고 어디로 갈 것인가"에 대한 로드맵을 그려볼 예정이다.

지금은 부동산 시장의 '전환점'에 서 있는 시기다. 정책, 금리, 유동성, 공급, 어느 것 하나 단순하지 않은 상황에서 이 책이 독자 여러분들의 판단에 이성적인 나침반이 되기를 바란다.

차례

프롤로그   정권 교체와 부동산 시장, 지금 우리는 어디에 서 있는가?   4

1장   민주당 정부마다 심화된 양극화, 이번에는 과연?

갈 데까지 간 양극화   11
2019년과 2025년은 다르다   17
6.27 대출 규제의 영향력은?   21

2장   이재명 정부의 예상 행로

핵심지 규제에 아쉬울 게 없는 선거 결과   31
문재인 정부와 같은 듯 다른 이재명 정부   34
누가 고양이 목에 방울을 달 것인가   39

3장   향후 변화를 이끌 핵심 변수

무엇이 시장을 흔드는가?   45
수급: 2026년 주택임대사업자 만기 물량   46
수급: 계약갱신청구권 사용 물량   52
정책: 전세자금대출 DSR 포함 여부   54
정책: 다주택자 규제 완화 여부   59

4장 **이재명 시대, 부동산은 이렇게 움직인다**

공급 부족, 그 예고된 미래   65
어차피 유동성은 확대될 수밖에 없다   73
중장기적으로 가격이 내려가기 어려운 구조   75
핵심 변수의 방향에 따른 집값 시나리오   77

5장 **대구와 울산이 심상치 않다**

역발상의 길, 지방 투자   83
대구, 역대급 공급 절벽이 눈앞에   88
울산, 수급과 유동성의 쌍끌이 장세가 다가온다   93

6장 **정부 규제에도 오르는 곳 39**

추천 단지를 고른 기준   101
서울 직주근접   105
경기 직주근접   128
대구와 울산 직주근접   146

에필로그 시나리오마다 준비된 자세가 필요하다   160

1장

—

**민주당 정부마다
심화된 양극화,
이번에는 과연?**

갈 데까지 간 양극화

전국 아파트 하위 20% 대비 상위 20% 매매가 배율

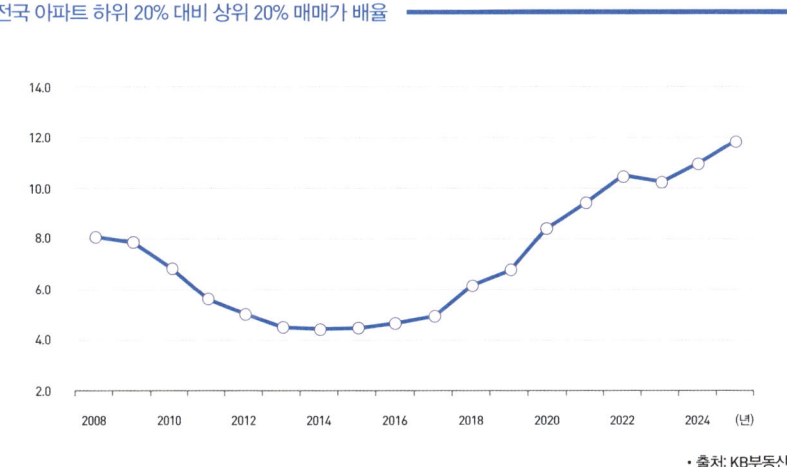

• 출처: KB부동산

난데없이 첫 페이지부터 그래프로 시작한다. 2008년부터 2025년 상

반기까지 전국 아파트 하위 20% 대비 상위 20% 매매가의 배율 추이를 나타낸 그래프다. 가령 하위 20% 아파트 매매가가 2억 원이고 상위 20% 아파트 매매가가 10억 원이면 매매가 배율은 5(=10억÷2억)가 된다. 따라서 그래프는 아파트 가격의 양극화 정도를 나타낸다.

2008년, 이 배율은 8.1이었으나 2013년에는 4.6까지 떨어졌고, 2016년까지는 4.7 수준으로 하향 안정화 흐름을 보였다. 그러다가 2017년(5.0)을 기점으로, 2023년에 잠시 주춤했음에도 불구하고 2025년 상반기에는 11.9까지 치솟았다. 양극화가 급격히 심화된 셈이다.

그렇다면 우리는 질문해야 한다. 왜 2016년까지 하향 안정화 흐름을 보이던 양극화 추세가 2017년 이후 급격히 나빠졌는가? 그해, 우리 사회에는 어떤 중대한 변화가 있었을까?

바로 2017년, 박근혜 대통령 탄핵 이후 문재인 정부가 출범했다. 물론 누군가는 이 지점에서 거부감을 느낄 수 있다. "양극화 심화의 원인을 문재인 정부 탓으로 돌리는 것은 작가의 견강부회가 아니냐"는 지적이 나올 수 있다. 하지만 나는 이 의문에 답하기 위해 추가적인 데이터와 지표들을 제시하고자 한다.

정권별로 가계부문 통화량 증가율과 서울 및 광역시 매매지수 상승률을 월평균 기준으로 정리했다. 박근혜·윤석열 전 대통령은 탄핵으로 임기가 짧았기 때문에 월평균 증가율을 뽑아봤다. 표에서 진보

	노무현 (2003.3월~2008.2월)	이명박 (2008.3월~2013.2월)	박근혜 (2013.3월~2017.4월)	문재인 (2017.5월~2022.4월)	윤석열 (2022.5월~2025.2월)
가계부문 통화량 증가율	0.72%	0.61%	0.55%	0.62%	0.61%
서울 매매지수 상승률	0.94%	-0.05%	0.20%	1.04%	-0.20%
광역시 매매지수 상승률	0.29%	0.53%	0.28%	0.53%	-0.42%

• 출처: 한국은행 경제통계시스템, KB부동산

정권(노무현·문재인 정부)과 보수 정권(이명박·박근혜·윤석열 정부)을 비교해보면, 흥미로운 공통점 하나가 눈에 띈다.

바로 진보 정권 시기에는 서울이 광역시보다 급등하고, 보수 정권 시기에는 서울과 광역시 간의 가격 격차가 줄어드는 경향이 반복된다는 점이다. 진보 정권이 들어서면 서울 집값이 광역시보다 빠르게 상승하고, 보수 정권이 들어서면 서울의 상승세가 눈에 띄게 완화된다. 이 패턴은 단순한 우연으로 보기 어려울 만큼 일관된다.

과거에는 진보 정권에서 집값이 많이 오른 이유를, '진보 정권이 돈을 많이 풀기 때문', 즉 돈의 가치가 떨어져서 실물 자산이 오른다고 보는 시각이 많았다. 하지만 주택을 실제로 구입하는 주체는 대개 '가계'다. 따라서 전체 통화량이 아닌, 가계부문 통화량 증가율을 따로 살펴보는 것이 더 적절하다.

그 결과는 우리가 생각해왔던 내용과는 사뭇 다르다. 정권별 가계부문 통화량 증가율(월평균)을 보면 노무현 정부 때만 0.7%대를 기록했을 뿐, 다른 정부는 대체로 0.6%대 수준으로 수렴하고 있다. 가계에 풀린 돈은 큰 차이가 없었지만, 노무현·문재인 정부 시기에는 집값 상승폭이 압도적이었고 게다가 서울은 폭등했다. 특히 문재인 정부와 박근혜 정부의 가계부문 통화량 증가율은 각각 0.62%, 0.55%로 큰 차이가 없었음에도, 서울 매매지수 상승률은 문재인 정부가 박근혜 정부의 5배, 광역시는 2배에 달했다.

주택 공급 측면에서도 사정은 비슷하다. 박근혜 정부의 월평균 입주 물량은 전국 2만 3,727호, 수도권 9,216호, 문재인 정부는 전국 3만 2,674호, 수도권 1만 6,838호로 후자의 공급이 오히려 각각 +38%, +83%나 많았다.

가계에 풀린 돈은 비슷했고 입주 물량은 오히려 문재인 정부가 훨씬 많았는데도 집값은 문재인 정부 시기에 훨씬 더 많이 올랐다. 그렇다면 이 차이는 결국 진보와 보수 정권의 '정책 차이'에서 비롯된 결과라고 보는 것이 합리적이다.

그렇다면 왜 이러한 현상이 나타났는지 따져보자. 진보 정권과 보수 정권의 부동산 정책에서 가장 뚜렷한 차이는 바로 다주택자에 대한 입장이다. 대체로 진보 정권은 다주택자에 대한 규제를 강화하고 보수 정권은 다주택자에 대한 규제를 완화하는 입장을 취한다. 상식

	2016년	2017년	2018년	2019년	2020년	2021년	2022년	2023년
1주택	-123,578	139,230	163,146	135,836	250,955	377,970	161,145	138,068
3주택 이상	58,860	52,811	12,965	24,766	-9,660	-37,034	-4,437	20,821
매매지수 상승률	1.5%	1.3%	3.0%	-0.3%	9.6%	20.2%	-3.1%	-6.7%

• 출처: 통계청, KB부동산

적으로는 다주택자 규제를 강화하면 양극화가 완화되는 게 맞다. 하지만 실제 시장에서는 정반대의 결과가 나타난다. 진보 정권 아래에서 오히려 상급지의 집값이 더 많이 오르고, 서울과 지방 간, 고가와 저가 아파트 간 격차가 더 벌어졌다.

그 이유는 명확하다. 다주택자에 대한 규제 강화는 다주택자들로 하여금 보유 자산을 '똘똘한 한 채'로 집중하게 만든다. 그 결과, 수요가 상급지로 몰리면서 상급지와 중·하급지 간 가격 격차가 확대된다. 이러한 현상이 단순한 이론이 아님을 보여주는 지표도 존재한다. 다주택자 규제가 초래하는 시장 왜곡을 명확히 보여주는 통계가 바로 그것이다.

위의 표는 연도별로 1주택 가구와 3주택 이상 가구가 얼마나 늘어나고 줄었으며, 해마다 매매지수 상승률은 어떻게 움직였는지를 보여준다. 표에서 보듯, 여기서도 일반적인 통념과는 다른 결과가 나타난다. 3주택 이상 가구가 늘어나면 오히려 매매지수 상승률은 완화되거나 하락하고, 반대로 1주택 가구가 늘고 3주택 이상 가구가 줄어들면 매매지수 상승률이 급등한다.

다주택자가 줄어들면 오히려 집값이 폭등하는 양상은 결코 우연이 아니다. 1주택 가구가 다시 무주택으로 전환될 가능성은 낮기 때문에 시장 안정화나 하락 전환을 이끌 실제 매물은 다주택자로부터 나올 수밖에 없다. 그런데 다주택자에 대한 규제가 강화되면 이들이 매물을 시장에 내놓지 않게 되면서 결과적으로 유통 매물의 감소가 가격 급등을 유발한다.

이러한 현상을 두고 주택산업연구원은 "시장경제체제의 본질적 특징 때문"이라고 이야기했다. 과거 동구권 사회주의 국가들은 '1가구 1주택' 원칙을 고수하며 다주택 보유를 금지했다. 그러나 소련 붕괴 이후 시장경제가 도입되면서 다주택 보유가 가능해지자, 유통되는 주택 물량이 절대적으로 부족해지면서 매매가와 임대료가 폭등했다는 사례는 이러한 현상을 잘 보여준다.

이처럼 진보 정권이 일관되게 추진해온 다주택자 규제가 왜 집값을 더 자극하고, 특히 상급지 급등을 통해 양극화를 심화시켰는지를 다양한 지표를 통해 살펴보았다. 따라서 새롭게 출범한 이재명 정부 역시 다주택자 규제의 가능성이 높아 집값이 오르고 양극화가 심화됐던 문재인 정부의 시즌 2가 될 것이라는 예측은 설득력 있게 다가오는 것이 사실이다.

그러나 과연 역사는 반복될까? 나는 이 질문에 대해 섣불리 "그렇다"고 단정지을 수 없다.

2019년과 2025년은 다르다

많은 이들이 이재명 정부의 첫 부동산 규제인 '6.27 대출 규제'를 가리켜 문재인 정부의 '12.16 대책'과 같은 결의 정책이라고 봤다. 결국 6.27 대출 규제도 12.16 대책 때와 마찬가지로 단기 처방에 그치고 시장이 다시 상승할 것이라고 예상한다.

그러나 나는 그렇게 되지는 않을 것이라고 생각한다. 가장 큰 이유는 두 정책이 시행된 당시의 펀더멘털이 전혀 다르기 때문이다. 즉, 12.16 대책이 시행된 2019년 12월과 6.27 대출 규제가 시행된 2025년 6월의 시장 기초 여건이 달라졌다는 이야기다.

나는 부동산의 '펀더멘털'을 판단할 때 전세가율과 주택구입부담지수 두 가지를 주요 지표로 본다. 전세가율은 매매가에서 전세가가 차지하는 비중이다. 전세가 '주택의 사용 가치(주거 가치)'를, 매매가가 '주택의 사용 가치(주거 가치)+투자 가치(미래 가치)'를 반영한다고 본다면, 전세가율이 낮다는 것은 매매가에서 투자 가치가 차지하는 비중이 크다는 뜻이다. 즉, 전세가율이 낮아질수록 매매가가 실거주 가치보다 과도하게 높아졌다는 뜻, 다시 말해 버블이 커졌다는 신호로 해석할 수 있다.

주택구입부담지수는 해당 지역 중간소득의 가구가 해당 지역 중간가격의 아파트를 구입할 때 소득의 몇 %를 주택담보대출 원리금 상환에 써야 하는지를 나타낸 지표다. 집을 구매하는 데에 필요한 '소득 대비 대출 원리금 상환'이라는 실질적 부담을 수치화했기 때문에 주택시장 과열 여부를 판단하는 데 유의미한 지표가 된다.

그렇다면 이제 12.16 대책이 시행된 2019년 12월과 6.27 대출 규제가 시행된 2025년 6월의 전세가율부터 비교해보자.

2019년 12월 대비 2025년 6월 전세가율 추이를 살펴보면, 서울은 56.5%에서 53.0%로 3.5%p 하락했다. 그리 크게 하락한 편은 아니다. 그러나 상급지로 범위를 좁혀보면 이야기가 달라진다.

강남구 48.0% → 39.4%, 서초구 51.2% → 43.8%, 송파구 47.7% → 41.9%로 6~9%p 정도 하락했다. 서울 평균 하락폭보다 2배 이상 하락한 셈이다. 강남3구의 주요 단지를 보면 하락폭은 더 크다. 2025년 6월 말 기준 잠실 엘스 36%, 리센츠 38%, 도곡 렉슬 38%, 반포 래미안퍼스티지 33% 등 역대 최저 전세가율을 갱신하고 있다.

그 외 지역도 유사하다. 성동구(역대 최저점 50.6%, 6월 말

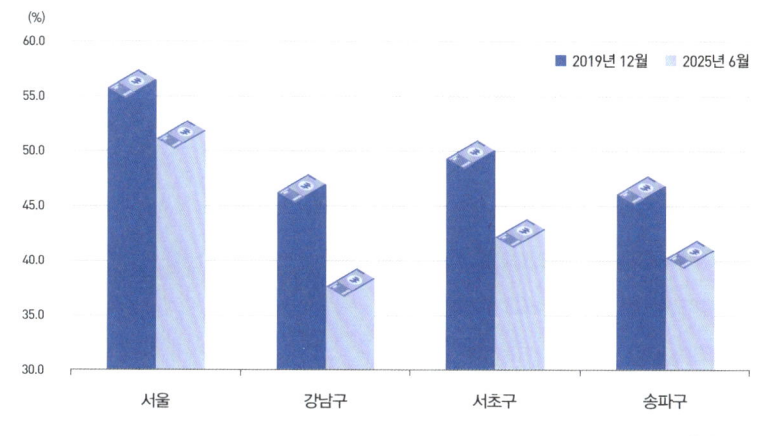

• 출처: KB부동산

48.9%), 광진구(역대 최저점 50.7%, 6월 말 51.1%), 용산구(역대 최저점 41.8%, 6월 말 42.5%), 강동구(역대 최저점 50.9%, 6월 말 49.9%), 양천구(역대 최저점 48.3%, 6월 말 48.8%) 등이 역대 최저 전세가율과 유사한 수준이다.

이처럼 서울 내 상급지를 중심으로 전세가율이 크게 하락하면서, 매매가와 전세가의 갭이 역대 최대 수준으로 벌어지고 있다. 즉, 투자 가치가 실거주 가치보다 과도하게 반영된 시장 구조가 일부 고가 지역을 중심으로 더욱 심화되고 있음을 보여준다.

주택구입부담지수 역시 같은 흐름을 보여준다. 서울의 중간소득 가구가 서울의 중간가격 아파트를 구입할 때 2019년 4분기는 소

	2019년	2020년	2021년	2022년	2023년	2024년	2025년 상반기
상위 10% 소득	1.37억 원	1.40억 원	1.44억 원	1.56억 원	1.60억 원	1.65억 원	–
서울 상위 20% 아파트 매매가	17.6억 원	20.0억 원	23.8억 원	25.1억 원	24.7억 원	27.3억 원	31.4억 원

• 출처: 통계청, KB부동산

득의 31.7%를, 2025년 1분기는 소득의 38.9%를 주택담보대출 원리금 상환에 사용하는 수준이다. 이 역시 작지 않은 차이다. 게다가 2025년 2분기에는 그 부담이 더 커졌을 가능성이 크다. 참고로 2025년 2분기 주택구입부담지수는 2025년 9월 말 발표 예정이다.

상급지의 오버슈팅은 소득과 비교해도 확연하다.

위 표에서 2019년부터 2024년까지 지난 6년간 전국 상위 10% 가구 소득과 서울 상위 20% 아파트 매매가를 비교해보면, 각각 연평균 +3.3%, +9.1%씩 증가해왔다. 서울 상위 20% 아파트의 매매가 상승률이 전국 최상위 가구 소득 증가율보다 약 3배 가까이 높았던 셈이다. 게다가 서울 상위 20% 아파트는 2025년 상반기에만 무려 +15.4% 급등했다. 2025년 전국 상위 10% 가구 소득이 예년처럼 급격히 증가하기는 어려울 것이라 본다면, 2019년부터 2025년까지 서울 상급지 매매가는 최상위층 소득과 비교해도 과도하게 오른 것을 부정할 수 없다.

결국 전세가율, 주택구입부담지수, 최상위층 소득 추이 어느 지표로 보더라도 2025년 6월의 매매가에는 2019년 12월보다 더 큰 버블이 형성됐다고 볼 수 있다. 가령 2019년 12월 시행된 '15억 원 이상 주택 대출 금지'와 2025년 6월 시행된 '주택담보대출 한도 6억 원 제한'이 비슷한 수준의 규제라고 가정해도, 두 시기의 시장 체력(펀더멘털)이 다르다면 같은 규제라도 시장의 반응은 달라질 수 있다.

6.27 대출 규제의 영향력은?

그렇다면 6.27 대출 규제의 영향력은 어느 정도일까? 문재인 정부의 12.16 대책과 비교해, 이재명 정부의 6.27 대출 규제가 얼마나 강력한지 살펴보자.

문재인 정부가 발표한 12.16 대책의 핵심은 '15억 원 이상 주택에 대한 대출 금지'였다. 이와 함께 서울 11개 구와 세종시를 투기지역으로 지정하고, 해당 지역을 포함한 투기과열지구 및 투기지역에서는 LTV와 DTI를 각각 40%로 강화했다. 또한 투기지역에서는 가구당 주택담보대출 건수를 1건으로 제한하고, 시가 9억 원 초과 주택에 대해서는 초과 금액에 한해 LTV를 20%만 적용하도록 했다.

반면 이재명 정부의 6.27 대출 규제는 수도권 전역을 대상으로 '주택담보대출 6억 원 한도 제한'을 핵심으로 한다. 여기에 더해 전 금융권의 가계대출 총량 목표를 하반기에 계획 대비 50%로 축소했고, 주택담보대출 만기를 30~40년에서 30년으로 단축했다. 신용대출 한도도 연소득 1~2배 수준에서 연소득 이내로 축소됐으며, 수도권에서 주택담보대출을 받는 경우는 6개월 이내 전입 의무를 부과해 지방 거주자의 수도권 부동산 투자에 대한 진입 장벽을 높였다.

2025년 5월, 국토연구원에서는 〈주택시장 변동성 확대의 사회적 비용과 향후 정책방향〉이라는 보고서를 통해 주택 매매가격의 변동성에 영향을 미치는 주요 요인을 분석한 결과를 발표했다. 이에 따르면 수도권 주택 매매가에는 '유동성'이, 지방 주택 매매가에는 '공급'이 가장 큰 영향을 미치는 것으로 나타났다. 주택담보대출 증감이나 금리 인상·인하와 같은 유동성 요소는 지방보다 수도권의 매매가에 훨씬 큰 영향을 줬으며, 반대로 전세가나 입주 물량과 같은 공급 요소는 수도권보다 지방 매매가에 더 큰 영향을 미쳤다. 즉, 수도권 부동산 가격을 잡으려면 '공급 확대'보다는 '유동성 제한'이 더 효과적이라는 이야기다.

그런데 이재명 정부의 6.27 대출 규제를 보면 이러한 점을 잘 알고 있는 듯한 전문가의 손길이 느껴진다. 6.27 대출 규제는 조항마다 부동산 시장으로 유입되는 자금을 옥죄는 데 초점이 맞춰져 있기 때문

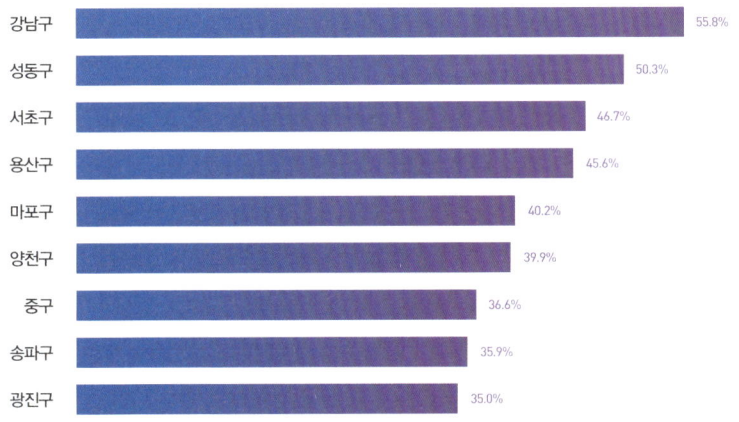

2025년 1~5월 대출이 있는 서울 부동산 거래 중 대출이 6억 원을 초과하는 거래 비중

강남구 55.8%
성동구 50.3%
서초구 46.7%
용산구 45.6%
마포구 40.2%
양천구 39.9%
중구 36.6%
송파구 35.9%
광진구 35.0%

· 출처: 국민의힘 추경호 의원실

이다.

특히 많은 이들이 '주택담보대출 6억 원 한도 제한'에 주목하고 있지만, 그 못지않게 중요한 것은 '전 금융권의 가계대출 총량 목표를 하반기에 계획 대비 50% 축소'하겠다는 조치다. 이는 결과적으로 은행이 대출금리의 핵심요소인 가산금리(대출금리에서 수신금리를 뺀 값)를 현재의 1.3% 수준에서 더 인상할 수 있도록 정부가 용인하겠다는 뜻으로 해석될 수 있다. 다시 말해, 시중금리가 기대보다 내려가지 않을 수 있다는 이야기다. 물론 '주택담보대출 6억 원 한도 제한'의 영향력도 만만치 않다.

위의 그래프는 2025년 1~5월 대출이 있는 서울 부동산 거래 중

대출이 6억 원을 초과한 거래 비중을 구별로 나타낸 것이다. 전체 서울 기준으로는 이러한 거래가 전체의 31.9%를 차지했으며, 상위 9개 구를 따로 보면 그 비중이 더욱 두드러진다.

'주택담보대출 한도 6억 원 제한' 규제는 이처럼 6억 원을 넘는 대출이 필요한 거래를 사실상 시장에서 제거하는 효과를 가져온다. 해당 구에서의 부동산 매수 수요 중 적지 않은 비중이 통째로 사라지는 것이다. 게다가 수도권 주택 구입 시 주택담보대출을 받을 경우 6개월 이내 전입을 의무화함으로써, 주택담보대출을 안 받는 사람만 갭투자를 가능하게 했고 지방 거주자의 수도권 부동산 매수 수요도 차단시켰다. 2025년 1~5월 서울 부동산 매매 거래의 41%가 갭투자로 확인된 점을 감안하면 이는 부동산 매수세를 줄어들게 하는 요소다.

특히 6억 원 초과 대출의 비중이 높은 지역은 주로 상급지에 해당하는 곳들이며, 이 가운데 눈에 띄는 곳이 성동구와 마포구다. 성동구는 강남구에 이어 두 번째로 6억 원 초과 대출 거래 비중이 높았으며, 마포구 역시 강남3구에 속하는 송파구보다 더 높은 비중을 보였다. 실제로 〈중앙일보〉에서는 단순 합계 기준으로 강남3구보다 마용성(마포·용산·성동구) 지역의 6억 원 초과 대출 거래 비중이 약간 더 높다는 점을 언급하며, 이번 대출 규제의 영향이 강남3구보다 오히려 마용성에서 더 클 수 있다는 분석을 내놓기도 했다.

이번에는 2025년 1~5월 구별 부동산 평균 거래액을 서울부동산 정보광장 데이터를 통해 확인해보고, 괄호 안에는 해당 구의 6억 원 이상 대출 거래 비중을 함께 기입했다.

서초구 28억 5,453만 원 (46.7%), 강남구 28억 1,668만 원 (55.8%)

용산구 23억 1,308만 원 (45.6%), 송파구 18억 6,282만 원 (35.9%)

성동구 15억 2,513만 원 (50.3%), 마포구 14억 4,564만 원 (40.2%)

광진구 14억 1,325만 원 (35.0%), 양천구 13억 4,375만 원 (39.9%)

서초구와 강남구의 평균 거래액은 비슷하지만, 6억 원 초과 대출 비중에서는 강남구가 약 9%p 더 높다. 이는 주택담보대출이 6억 원으로 제한될 경우, 강남구의 매수세 감소폭이 서초구보다 클 수 있음을 시사한다.

반면 송파구는 평균 거래액이 네 번째로 높은 지역이지만, 6억 원 초과 대출 비중은 일곱 번째에 그친다. 이는 상위 거래액 구 가운데 송파구가 상대적으로 대출 규제의 타격을 덜 받을 가능성이 있다는 뜻이다.

한편 성동구는 평균 거래액이 다섯 번째로 높으면서도, 6억 원 초과 대출 비중이 두 번째로 높다. 성동구는 상대적으로 대출 규제의 타격을 더 크게 받을 수도 있을 것으로 보인다.

또한 2025년 1~5월 서울 부동산 거래 중, 대출액이 집값의 절반

이상인 거래 비중은 서울 전체 기준으로 34.6%였다. 이를 구별로 보면 강남구 14.6%, 서초구 14.8%, 용산구 18.5%, 송파구 21.3%, 마포구 33.3%, 성동구 38.3%로 역시 성동구와 마포구의 '영끌' 비율이 높게 나타난다.

결국 이러한 지표들을 종합해보면 '주택담보대출 한도 6억 원 제한' 규제는 분명히 서울 상급지 매매 수요를 줄이는 효과를 가져올 것이다. 또한 상급지 내에서도 지역별로 그 충격의 크기는 다르게 나타날 수 있음을 보여준다.

나는 서울 5대 권역별로 KB부동산 기준 시가총액 상위 30개 단지(동남권 10개, 서남권·도심권·동북권·서북권 각 5개)의 전용면적 84㎡ 평균 실거래가 추이를 주기적으로 집계하고 있다. 8월 15일까지 등재된 7~8월 평균 실거래가는 거의 대부분 단지에서 2분기 평균 실거래가를 상회하고 있다. 즉, 6.27 대출 규제가 시행된 이후에도 서울 부동산의 상승세는 꺾이지 않은 셈이다.

그러나 한 가지 눈여겨볼 점은 '거래량의 급감'이다. 8월 23일까지 신고된 7~8월 2개월 거래량을 6월 거래량과 비교하면 서울은 53% 감소한 상황이다. 거래 신고 기한이 1개월이므로 7~8월의 모든 거래가 집계된 것은 아니지만 상당한 감소폭인 것은 사실이다. 대출 규제에 따른 매수세 감소로 거래량도 줄어든 것인데 낮은 거래량이 지속될 경우 매매가 상승세가 지속되기는 쉽지 않다.

한 가지 흥미로운 점은, 6월 대비 7~8월 거래량 감소폭이 구별로 크게 달랐다는 점이다. 8월 15일까지 신고된 7~8월 거래량을 6월과 비교해보면, 감소폭이 적은 구는 용산구, 강북구, 강남구, 서초구, 송파구 순이었다. 강북구를 제외하면 모두 소위 '핵심지'로 분류되는 지역이다. 즉, 6.27 대출 규제가 핵심지에는 상대적으로 큰 영향을 주지 못했다는 해석이 가능하다.

그러나 불과 8일 뒤인 8월 23일 신고 기준을 보면 양상이 달라진다. 이번에는 감소폭이 적은 구가 용산구, 강북구, 서초구, 은평구, 관악구로 나타났다. 불과 8일 사이 강남구와 송파구가 순위에서 빠지고, 대신 은평구와 관악구가 새로 진입한 것이다. 이는 결코 작은 변화가 아니다.

이 변화의 배경에는 '토지거래허가구역' 제도가 있다. 해당 구역에서 아파트를 매수하려면 실거주를 전제로 구청 허가를 받아야 하는데, 허가까지 보통 15일 정도 걸린다. 매수자는 먼저 약정을 맺고 허가 신청을 한 뒤, 허가가 나와야 정식 계약서를 작성한다. 따라서 최초 약정일부터 계약, 그리고 거래 신고까지 통상 한 달 정도 소요된다. 결국 강남3구와 용산구의 7월 거래량 상당수는 사실상 6.27 대출 규제 이전에 약정이 이뤄진 거래였다는 뜻이다. 이것이 불과 8일 사이에 강남구와 송파구가 감소폭 '상위 5개 구'에서 빠진 이유다.

이를 뒷받침하는 또 다른 데이터도 있다. 8월 23일까지 신고된 8월 거래량을 7월과 비교하면, 감소폭이 큰 구는 강남구, 송파구, 서초구, 양천구, 영등포구 순이었다. 강남3구는 물론 목동이 있는 양천구, 여의도가 있는 영등포구까지 거래량 감소폭이 컸다는 의미다. 즉, 핵심지와 상급지에서 거래량이 크게 줄었음을 확인할 수 있다. 물론 7~8월 거래량은 아직 신고 기한이 끝나지 않았지만, 이는 모든 구에 동일하게 적용되는 점이므로 감소폭이 크다는 사실 자체는 주목할 만하다.

이러한 흐름을 종합하면, 부동산 시장의 초양극화는 기존과 다른 양상으로 전개될 가능성이 커졌다. 6월 대비 7~8월 감소폭이 큰 곳은 성동구, 마포구, 동작구, 강동구, 광진구였고, 7월 대비 8월 감소폭이 큰 곳은 강남구, 송파구, 서초구, 양천구, 영등포구였다. 이로 미루어볼 때 급지가 높을수록 6억 원 한도의 주택담보대출 규제 영향을 많이 받는 것으로 확인된다. 따라서 초양극화 현상은 일정 부분 완화될 가능성이 크다.

실제로 2025년 상반기 동안 핵심지와 상급지의 가격 급등이 가팔랐던 것도 사실이다. 그러나 이제는 6.27 대출 규제로 인해 핵심지와 상급지, 상급지와 중급지 사이의 벌어진 가격 차이가 일부 좁혀질 것으로 보인다. 단, 아파트 수요의 핵심이라고 할 수 있는 2인 이상 가구는 서울도 감소를 거듭하고 있는 점을 감안하면 풍선 효과가 하급지에도 미칠 것이라고 예상하기 힘들다는 점은 감안하기 바란다.

2장

—

이재명 정부의
예상 행로

핵심지 규제에 아쉬울 게 없는 선거 결과

제21대 대통령 선거(이하 대선)는 지난 6월 3일에 치러졌고 결과는 알다시피 이재명 더불어민주당 후보의 승리로 마무리됐다. 나는 더불어민주당과 이재명 후보가 지난 제20대 대선(2022년 3월 9일) 결과를 되짚으며, 서울 1주택자를 우군으로 만들기 위한 '우클릭' 전략을 펼칠 것이라는 점을 블로그와 커뮤니티 등을 통해 여러 차례 언급했다.

제20대 대선 당시 이재명 후보는 윤석열 후보에게 약 25만 표 차이로 패배했는데, 서울에서만 31만 표 차이로 졌던 것이 결정적인 패인으로 작용했다. 더욱이 제19대 대선(2017년 5월 9일)에서는 더불어민주당이 서울에서 142만 표 차이로 압승했던 것을 떠올리면, 제20대 대선에서의 서울 패배는 더불어민주당과 이재명 후보에게 더욱 뼈아픈 결과였을 것이다.

더불어민주당은 당시 서울의 표심이 등을 돌린 핵심 요인을, 종합부동산세로 대표되는 세금 급증으로 인해 1주택자들이 반감을 가졌기 때문이라고 판단했다. 그래서 이후 더불어민주당은 서울 1주택자를 다시 지지층으로 끌어들이기 위한 전략을 본격적으로 추진했다고 볼 수 있다. 다음의 소개할 발언들은 그러한 전략의 일환으로 나온 것이다.

> "실거주 1가구 1주택이 고가라는 이유로 압박하고 제재하는 방식은 옳지 않다."
> "평생 벌어 집 한 채를 마련한 1가구 1주택자에게 굳이 종부세를 부과해야 하느냐."
> "부동산 정책은 손댈 때마다 문제가 된다. 가급적이면 손대지 않겠다."
> _이재명 대선 후보
>
> "아무리 비싼 집이라도 1주택이고 실제 거주한다면 과세 대상에서 빠져야 한다."
> _박찬대 원내대표

비상계엄과 탄핵 여파 때문이든, 아니면 이재명 후보의 우클릭 작업 때문이든, 어쨌든 제21대 대선에서는 이재명 후보가 김문수 후보보다 서울에서 37만 표를 더 얻으며 승리했다. 서울 25개 구 중 무려 21개 구에서 이재명 후보가 승리했고 강남·서초·송파·용산 등 4개 구에서만 패했다.

그러나 조금 더 면밀히 들여다보면 더불어민주당이 마냥 웃을 수 있는 성적표는 아니다. 이재명 후보의 서울 득표율은 제20대 대선에서 45.7%였고, 제21대 대선에서는 47.1%로 불과 1.4%p 상승했을 뿐이다. 만일 개혁신당 이준석 후보가 출마하지 않았다면 서울에서의 승리를 장담하기 어려웠을 수도 있다. 김문수 후보와 이준석 후보의 구별 득표율을 단순 합산하면, 이재명 후보가 앞선 곳은 21개 구에서 11개 구로 줄어든다.

〈중앙일보〉 보도에 따르면 더불어민주당 내부에서도 서울 득표율이 겉으로 드러난 결과(21개 구 승리, 4개 구 패배)에 비해 저조하다는 점에 대해 우려의 목소리가 있었다고 한다. 이는 곧, 다음 지방선거와 총선을 앞두고 이재명 대통령과 더불어민주당이 서울 1주택자를 계속 우군으로 붙들어둘 수밖에 없다는 점을 시사한다.

더불어민주당 입장에서는 지난 총선에서 서울 48석 중 37석을 쓸어가며 압도적 우위를 차지한 국회 지형을 유지하고 2021년부터 국민의힘이 차지하고 있는 서울시장을 탈환하기 위해서는 지난 20대 대선에서 경험했던 바와 같이 서울 1주택자를 적으로 돌리는 일은 피해야 한다는 판단이 작용할 수밖에 없다.

이러한 점을 고려하면, 향후 부동산 관련 증세가 있더라도 "부동산 증세는 하지 않겠다"는 기존 공약을 뒤집기보다는 고가 1주택자나 다주택자를 겨냥한 '핀셋 증세'에 나설 가능성이 높다. 특히 서울 전체 보다는 강남·서초·송파·용산 등 핵심 지역 고가 아파트 소유자의 부담을 더욱 늘리는 방향으로 진행될 것으로 보인다. 이번 선거 결과로 보아, 해당 지역에 대한 규제로 인한 정치적 부담은 상대적으로 작아졌기 때문이다.

문재인 정부와 같은 듯 다른 이재명 정부

"세금으로 집값 잡지 않는다."

이는 지난 4월, 당시 이재명 더불어민주당 대선 후보 캠프의 핵심 관계자가 사무실 화이트보드에 적어둔 캐치프레이즈다. 집값 안정화를 목표로 부동산 양도소득세, 종합부동산세, 취득세를 대폭 인상하고 임대차3법 등 각종 규제를 앞세웠던 문재인 정부의 부동산 정책 실패를 되풀이하지 않겠다는 의지의 표현이라 할 수 있다.

이재명 후보의 대선 공약집을 살펴보면, 부동산 세금에 관한 언급은 거의 없고 재건축·재개발 규제 완화, 유휴부지 개발 등 공급 확대에 방점이 찍혀 있다.

대선을 일주일 앞둔 시점부터 이재명 후보는 다음과 같은 발언들을 통해 기존 민주당 정권과의 차별을 더욱 분명히 했다.

"부동산 정책에 있어서 지금까지의 민주 정부와는 다를 것이다."

"진보 정권은 기본적으로 세금을 부과하거나 소유를 제한하는 등 수요 억제 정책을 써왔다. 그런데 시장이 이를 이겨내더라. 이제는 세금으로 집값 잡는 일은 하지 않겠다."

이러한 발언을 볼 때 이재명 정부가 최근 수개월간 언급한 정책 방향을 '번복'하지 않는 한, 문재인 정부와는 다른 행보를 보일 것이다. 그러나 최근 발표된 '6.27 대출 규제'에서 문재인 정부와 유사한 시각이 엿보이는 대목이 하나 있다. 바로 '재건축·재개발'에 대한 인식이다.

과거 문재인 정부는 재건축 초과이익 환수제를 도입해 주택 정비 사업으로 발생하는 이익을 환수하겠다는 입장이었다. 그런데 당혹스러운 점은 이재명 정부가 대선 당시 재건축·재개발 규제 완화를 통한 공급 확대를 강조해왔음에도 이번 6.27 대출 규제에서는 이와 정반대되는 인식이 드러난다는 것이다.

바로 '주택담보대출 한도 6억 원 제한' 규제가 잔금 대출 및 이주비 대출에도 적용된다는 점이다. 잔금 대출에 대출 한도를 적용할 경우, 자금 동원 여력이 부족한 수요자는 청약 자체가 어려워지면서 분양 여건이 악화된다. 더 심각한 것은 이주비 대출이다.

특히 재개발 사업의 경우, 1+1 분양을 받은 조합원의 비중이 높은 편인데 이 경우 2주택자로 간주돼 이주비 대출이 전혀 나오지 않는다. 재건축·재개발 사업이 본격적으로 진행되면 기존 주택이 멸실되고 조합원들은 인근 지역으로 이주해야 하는데 이주비 대출이 막히면 이 과정 자체가 심각하게 지연되거나 좌초될 수 있다.

물론 정부는 건설사의 지급 보증을 조건으로 금융기관이 조합에 빌려주는 '추가 이주비 대출'에 대해서는 6억 원 한도 제한에서 제외하겠다고 발표했다. 하지만 이 추가 이주비 대출은 기존 이주비 대출보다 이자율이 1~3%p 더 높게 책정돼 조합원들에게는 결코 작지 않은 부담이다.

건설사 입장에서도 추가 이주비에 대해 지급 보증을 해야 하므로 부채 증가에 따른 수익성 악화를 우려하지 않을 수 없다. 실제로 국토교통부는 6.27 대출 규제가 발표되기 전에 "재건축·재개발 등 정비사업지에 동일한 대출 규제를 적용할 경우 공급 위축이 우려된다"는 의견을 금융위원회에 전달했다. 그러나 이러한 우려는 최종 발표에서 반영되지 않았다.

소유권 이전 조건부 전세대출 금지 역시 마찬가지다. 그간 신축 아파트에 세입자가 입주하는 과정에서는, 입주 전 잔금을 납부할 때 세입자를 미리 구해 전세보증금으로 잔금을 납부하고 소유권 이전 등기를 마치는 방식이 일반적이었다. 그러나 소유권 이전 조건부 전세대출이 금지되면서 이제는 소유권 이전 등기 전에 은행이 전세대출을 승인하지 않게 됐다. 이 경우, 세입자가 전세보증금 전액을 현금으로 준비해 입주해야 하는데, 현실적으로는 그런 세입자를 기다리기 어렵다. 결과적으로 전세 수요가 줄어들며 전셋값 하락이 불가피해지고, 임대인은 잔금 납부 시 모자라는 금액을 주택담보대출로 메워야 하는 상황에 처하게 된다.

서울은 신규 택지 공급 여건이 마땅치 않아서 주택 공급의 상당 부분이 정비사업을 통해 이뤄진다. 그런데도 이번처럼 정비사업을 저해하는 규제가 발표됐다는 것은 재건축·재개발 규제 완화를 통한 공급 확대라는 정부의 기존 방침과는 상충되는 신호로 해석될 수밖에 없다.

원래도 이해관계자 간 갈등이 첨예한 것이 재건축·재개발 사업이다. 그런데 이러한 사업에 추가적인 부담과 불확실성까지 더해진다면 공급 확대는커녕 사업 자체가 지연되거나 무산되는 사례가 속출할 수 있다.

인허가가 착공으로 바로 이어지지 않는 것도 문제다. 주거환경연구원에 따르면 2024년 서울 정비사업 평균 공사비는 평당 842.7만 원으로 나타났는데 이는 2023년(750.6만 원) 대비 +12.3% 상승한 수치이며, 2020년(528.7만 원)과 비교하면 무려 +60% 가까이 급등한 것이다. 이처럼 공사비가 가파르게 상승하면서, 건설사와 조합 간의 분쟁이 잦아지고 착공 지연 사례가 속출하고 있다.

원래는 인허가 1~2년 후 착공에 들어가는 경우가 일반적이다. 2017~2020년 전국 아파트 인허가 물량이 160.4만 호, 2018~2021년 전국 아파트 착공 물량이 160.5만 호로, 실제로 '인허가 = 착공' 공식이 성립돼 왔다.

그런데 공사비 급등 이후 이 공식이 무너졌다. 2021~2023년 인허가 물량이 122.9만 호, 2022~2024년 착공 물량이 77.0만 호로, 인허가 물량의 불과 63%만이 실제 착공으로 이어졌다. 이렇듯 공사비 급등으로 착공 자체가 어려워진 상황에서, 공급 확대를 저해하는 각종 규제까지 더해진다면 주택 공급은 더욱 위축될 수밖에 없다.

또한 앞서 "세금으로 집값을 잡지 않겠다"고 선언한 이재명 정부이지만, 결국 증세는 불가피할 것이다. 30조 원에 이르는 추경, 부채 탕감 등 정권 초기부터 재정 확대 기조를 강하게 밀어붙이고 있으며, 이재명 대통령은 여러 차례 재정의 중요성을 강조해왔다. 따라서 세수 확보를 위한 증세는 자연스러운 수순이다.

다만 앞서 이야기한 대로, 문재인 정부처럼 증세 대상을 넓혀 선거 패배를 자초했던 전철을 밟지 않을 가능성이 크다. 대신 강남·서초·송파·용산 등 핵심지 고가 아파트로 증세 대상을 한정해 정책 부작용에 따른 민심 이반을 최소화할 것으로 보인다.

또한 이재명 정부는 적극적으로 공급 확대 정책을 써도 향후 3년 이내에 당장 입주 물량이 늘어나기 힘들다는 점도 잘 알고 있다. 그리고 정부의 재정 확대 정책이 결국 유동성을 늘려 부동산 가격을 상승시킬 수 있다는 점도 충분히 인식하고 있을 것이다.

이러한 배경 속에서 시행된 6.27 대출 규제는 단순한 유동성 억제 조치를 넘어 매매 수요를 줄이려는 의도로 풀이된다. 특히 주택담보대출 이용 시 6개월 이내 전입 의무 부과, 지방 1주택자의 수도권 주택 매입 시 주담대 전면 금지 등은 지방 거주자의 수도권 진입 자체를 어렵게 만들어 수요를 직접적으로 억제하는 조치라고 할 수 있다. 이는 공급 부족과 유동성 팽창이 예상되는 상황에서 부동산 시장의 과열을 미연에 방지하려는 의도로 보인다. 그러나 가장 큰 파급을 미칠 정책은 따로 있다. 그 내용은 다음 장에서 살펴보자.

누가 고양이 목에 방울을 달 것인가

《이솝우화》에서 생쥐들이 고양이에게 자꾸 잡혀가자 남은 생쥐들은 고양이 목에 방울을 달면 고양이가 움직일 때마다 소리가 나서 미리 피할 수 있을 거라는 묘안을 짜냈다. 생쥐들은 모두 좋은 생각이라며 감탄하고 기뻐했다. 그때 한 구석에 앉아 있던 늙은 쥐가 "그럼 누가 고양이에게 가서 그 목에다 방울을 달 것인가?"라고 물었다. 그러자 방울을 달겠다고 나서는 쥐는 아무도 없었다. 결국 고양이 목에 방울을 다는 묘안은 실행되지 못한 채, 탁상공론으로 끝나고 말았다.

부동산 시장에서도 이와 비슷한 사례가 하나 있다. 바로 '전세자금대출'에 대한 규제다. 전세자금대출이 그동안 전세가는 물론 매매가 상승에도 동력을 제공해왔던 것은 불편한 진실이다.

따라서 부동산 급등을 막기 위해 전세자금대출을 규제해야 한다는 목소리는 꾸준히 제기돼 왔다. 그러나 상대적 약자인 세입자가 받는 대출이란 점에서 역대 정권은 전세자금대출을 규제 대상에 포함시키는 데 주저해온 것 역시 사실이다.

원래 전세금은 현금 여력이 있는 사람만 마련할 수 있었지만, 전세대출이 일반화되면서 현금이 부족해도 전세 입주가 가능해졌고, 이는 전세 수요 증가로 이어졌다. 투자자 입장에서도 자기 자본이 부족해도 높은 전세금을 끼고 주택을 구매할 수 있었기 때문에 매매 수요 증가로 이어졌다. 결국 전세대출이 전세가를 밀어올렸고, 이는 다시 매매가 상승에 간접적인 동력을 제공했다고 봐도 무방하다.

실제로 2019년 105조 원이었던 전세대출 잔액은 2024년에는

171조 원까지 확대됐는데, 정량적으로 보더라도 5년간 66조 원에 달하는 자금이 전세자금대출 형태로 부동산 시장에 추가 유동성으로 공급된 셈이다.

그런데 최근 정부가 전세자금대출도 DSR 규제에 편입하는 방안을 검토하고 있다는 이야기가 솔솔 흘러나오고 있다. 과거 어느 정권도 하지 못했던 일을 착수한다는 점에서 이는 매우 파격적인 시도로 볼 수 있다. 이미 국회에서는 여권과 우호 세력이 180석 이상을 차지하고 있는 상황이고, 이재명 정부의 국정 지지율이 지금처럼 고공행진을 거듭할 경우, 전세자금대출의 DSR 규제 편입은 현실화될 가능성이 있다. 향후 공급 감소와 유동성 확대가 예상되는 상황에서 부동산 가격 상승을 막으려면, 매매가에 대한 규제(주택담보대출 제한)는 물론, 전세가에 대한 규제(전세자금대출 DSR 편입)도 고려해볼 만하기 때문이다.

전세자금대출이 DSR 규제에 포함되면 소득이 적은 차주가 과도한 전세대출을 받아 고가 전세에 입주하는 행태도 막을 수 있다. 그동안 전세대출은 규제의 사각지대에 있었기 때문에 소득이 부족한 신혼부부나 젊은층이 무리하게 대출을 받아 신축 아파트 등에 입주하는 사례가 빈번했지만 DSR 규제가 적용되면 차주의 소득에 비례한 대출 한도가 설정되므로 전세 수요가 줄고 전세가 하락에도 영향을 미칠 것으로 보인다.

만일 전세자금대출이 DSR 규제에 포함되면 ① 전세가 하락이 불가피해지면서 갭투자도 줄어들고, ② 전세에서 월세로의 전환이 늘어나면서 주택 매수 대기자의 자본 축적 능력이 떨어져 시장 진입 시점이 지연될 가능성이 크다.

이는 중장기적으로 매매 수요 감소로 이어져, 부동산 시장을 하향 안정화시키는 트리거가 될 수 있다. 물론, 초기 규제 도입 시 세입자들에게 미칠 혼란을 얼마나 효과적으로 극복하느냐가 관건이다.

따라서 향후 정국의 전개 상황과 이재명 정부의 국정 지지율 추이는 부동산 시장을 전망하는 데 있어서도 대단히 중요한 관전 포인트다. 이재명 정부가 '파격'을 선택할 수 있는지 여부는 결국 국정 지지율이 결정짓는 변수이기 때문이다.

3장

—

향후 변화를 이끌 핵심 변수

무엇이 시장을 흔드는가?

정책이 시장을 크게 뒤흔든 사례는 여러 가지가 있으나, 그중 내가 자주 인용하는 사례는 '다주택자 양도세 중과'와 '임대차3법'이다.

다주택자 양도세 중과를 시행한 해(2006년, 2018년)에 부동산이 급등했고, 반대로 양도세 중과를 유예한 해(2009년, 2022년)에는 부동산 시장이 조정 국면에 진입했다. 이는 단순한 우연이 아니다. 국토연구원은 다주택자 양도세율을 1%p 올리면 아파트 매매가가 0.206% 오른다는 연구 결과를 발표한 바 있는데, 이는 앞의 사례들을 실증적으로 뒷받침한다.

앞서 말한 것처럼 1주택자가 무주택자로 돌아가기는 현실적으로 어렵다. 결국 시장의 흐름을 바꿀 수 있는 핵심 매물은 다주택자에게서 나올 수밖에 없는데, 양도세를 높이면 이들의 매물 출회를 억제하게 돼 매물이 급감하기 때문에 가격 급등으로 이어진다.

임대차3법도 마찬가지다. 이 법이 시행된 2020년 서울의 아파트 입주 물량은 5.7만 호로, 관련 통계 집계가 시작된 2005년 이후 역대 최대였다. 일반적으로 입주 물량이 많으면 전세가는 하락하거나 최소한 안정세를 보이는 것이 일반적인데, 2019년 입주 물량이 4.6만 호였을 때에도 전세 지수 상승률은 +2%에 불과했다.

그런데 2020년, 입주 물량이 훨씬 많았음에도 서울 전세 지수 상승률이 무려 +28%에 달한 것은 임대차3법의 시행으로 전세 유통 매물이 급감했기 때문이다. 참고로 한국은행도 2020년의 전세가 급등 원인으로 임대차3법을 지목한 바 있다.

이렇듯 수급, 특히 매물에 영향을 미치는 정책은 시장을 흔드는 메가톤급 파급 효과를 야기하곤 한다. 그리고 이러한 구조는 앞으로도 변하지 않을 것이다.

수급: 2026년 주택임대사업자 만기 물량

많이 간과되는 부분이지만 '주택임대사업자의 향방' 역시 시장을 흔

지역	임대주택 재고				아파트 수	임대주택 비율
	2020년	2021년	2022년	2023년		
전국(총계)	569,320	541,404	504,504	483,683	12,631,608	3.8%
서울특별시	85,273	78,339	69,011	63,226	1,886,515	3.4%
부산광역시	31,055	29,015	26,037	21,880	920,155	2.4%
대구광역시	10,881	5,935	6,054	6,604	658,745	1.0%
인천광역시	31,473	24,643	22,090	16,790	760,435	2.2%
광주광역시	22,151	22,035	19,508	18,851	456,837	4.1%
대전광역시	6,460	9,490	8,520	7,536	388,467	1.9%
울산광역시	2,343	2,537	2,748	2,922	301,668	1.0%
세종특별자치시	5,525	4,651	4,081	5,767	133,671	4.3%
경기도	162,165	120,900	109,545	106,426	3,477,378	3.1%
강원도	19,336	26,793	26,735	24,972	387,357	6.4%
충청북도	22,879	27,266	27,468	25,141	414,551	6.1%
충청남도	32,463	35,222	33,397	32,806	540,689	6.1%
전라북도	23,760	22,160	22,198	22,133	443,907	5.0%
전라남도	52,165	68,302	64,660	66,364	392,551	16.9%
경상북도	18,750	21,784	23,485	23,493	564,089	4.2%
경상남도	36,552	37,003	34,366	34,250	823,074	4.2%
제주특별자치도	6,089	5,329	4,601	4,522	81,519	5.5%

· 출처: 국토교통부

들 핵심 변수다. 주택임대사업자(이하 주임사)는 2017년 12월 '임대주택 등록 활성화 방안' 발표 이후 급증했으며 2018년 한 해에만 사업자 14만 7,957명, 임대주택 38만 2,237가구가 등록됐다. 이는 2017년 대비 각각 2.6배, 2.0배 증가한 수치다.

2018년에 주택임대사업으로 등록된 물건들이 많다는 것은 역으로 말하면 2026년에 8년 만기를 맞아 자동 말소될 물량이 많다는 뜻이기도 하다. 중요한 건 이 물량 중 얼마나 많은 주택이 시장에 매물로 출회될 것이냐는 점이다.

우선 매물로 출회될 수 있는 잠재 물량이 얼마나 되는지 확인해보자. 앞페이지의 표는 통계청의 임대주택 재고 현황에서 아파트만을 대상으로 추출한 데이터다. 여기에서 공공지원 민간임대주택은 제외했다. 아직은 2023년 기준까지만 집계돼 있다는 점에 대해 독자들의 양해를 구한다.

표를 보면 임대주택(민간임대 아파트)은 2020년 56.9만 호에서 2023년 48.4만 호로 점점 줄어들고 있음을 확인할 수 있다. 특히 3년간 감소폭이 가장 컸던 곳은 인천(-47%), 대구(-39%), 경기(-34%), 부산(-30%), 서울·제주(-26%)였다. 주로 수도권과 영남권에서 감소폭이 두드러졌다.

2023년 기준, 전체 아파트 세대수 대비 임대주택 비율을 살펴보면 울산·대구(1.0%), 대전(1.9%), 인천(2.2%), 부산(2.4%), 경기(3.1%), 서울(3.4%) 순으로 낮다. 표를 보면 광역시보다는 도(경기도 제외)의 임대주택 비율이 상대적으로 높은 것도 확인할 수 있는데 특히 전남은 전체 아파트의 16.9%가 임대주택일 정도로 상당한 비중을 차지하고 있다.

임대주택 재고를 주임사 만기 이후 매물로 출회될 수 있는 잠재 매물로 간주해본다면, 실제로 매물 출회가 가시화될 경우 주요 시보다는 도(경기도 제외)가 더 큰 타격을 받을 수 있다는 결론이 나온다.

게다가 현행 정책 구조상 '똘똘한 한 채' 선호 현상이 심화될 경우, 비핵심지의 주택을 먼저 정리할 가능성이 크다는 점에서 도 지역의 매물 출회 가능성은 더욱 커진다. 결국 핵심지와 비핵심지 간의 간극은 더욱 벌어질 수 있다.

그렇다면 이처럼 적지 않은 수준의 잠재 매물이 과연 2026년 주임사 만기 이후 시중에 얼마나 풀릴 것이냐. 그것은 결국 2026년에 현 정부가 어떤 입장을 취하는지에 달려 있다고 보여진다.

우선 2026년 만기를 맞이한 주임사 입장에서 생각해보자. 2018년에 주임사로 등록했다면 지금쯤은 상당한 시세 차익을 누리고 있을 것으로 예상된다. 반면, 이제 주임사 기간 동안 누렸던 보유세 혜택이 사라지면서 막대한 세금 부담이 발생해 차익 실현 욕구가 커질 수밖에 없다.

그러나 이쯤 되면 한 가지 생각이 머리를 스친다. "앞으로 당분간 공급 부족이 심화된다는데 집값이 더 오르는 거 아닐까? 그렇다면 지금 팔면 아까우니까 8년간 거의 올리지 못했던 임대료를 시세에 맞춰서 올려받아 급증한 보유세 부담을 견뎌볼까?"

하지만 여기서 생각지 못한 변수가 생겼다. 바로 '이재명 정부'가 예상보다 훨씬 이른 시점에 출범했다는 점이다. 사실 상당수 다주택 자들은 문재인 정부 시절 받았던 고액의 종부세로 뼈아픈 기억을 가지고 있다. 여기에 더해 일반적으로 문재인 정부보다 더 강경할 것으로 여겨졌던 이재명 정부의 등장이 적지 않은 심적 부담으로 작용할 수 있다. 이재명 대통령이 대선 후보 당시 "세금으로 집값을 잡지 않겠다"고 여러 차례 공언했음에도 여전히 불안한 마음을 가질 수밖에 없다.

따라서 향후 공급 부족을 믿고 주임사 만료 이후에도 다주택을 유지할지에 대한 고민이 더욱 깊어질 것이다. 이재명 정부가 국회에서 180석을 넘는 우군을 확보해 '하고 싶은 건 다 할 수 있는 상황'이라는 점도 고민을 더 깊게 만드는 요소다.

또 다른 고려 사항도 있다. 주임사 등록이 만료되더라도 해당 주택에 거주하는 세입자가 낮은 전월세가로 거주해온 이점을 이어가기 위해 갱신요구권을 행사할 가능성이 크다는 점이다. 전세가 낀 매물은 수요자 입장에서 매력이 떨어질 수 있어서 임대인 입장에서는 매도 시기를 늦출 수도 있다. 게다가 장기임대주택 장기보유특별공제(이하 장특공) 요건에 따르면 임대사업자 등록 후 8년간 의무임대를 완료하면 50% 공제, 10년 임대 시 추가 20% 공제가 가능하기 때문에 양도세 절감을 위해 매도를 2년 더 미루는 판단도 가능하다. 특히 시세 차익이 큰 매물일수록 더더욱 그렇다.

이러한 점을 종합해보면 2026년 주임사 등록이 대거 만료되더라도 실제 매물 출회는 2028년 이후로 늦춰질 가능성이 크다. 이것도 간과할 수 없는 포인트다.

따라서 이 부분은 이렇게 정리할 수 있다.

① 다주택자에 대한 보유세가 완화되거나 현 수준으로 유지될 경우, 2026년에 만료되는 주임사 등록 매물이 즉시 출회될 가능성은 상대적으로 낮다. 공급 감소에 따른 전월세 인상 전망, 세입자의 갱신요구권 행사 가능성, 양도세 절감을 위한 추가 2년 보유 요건 등이 그 이유다. 이 경우 공급 감소가 전월세가 상승을 유발하고 이것이 매매가 상승을 견인할 것으로 예상되나 양극화 심화에는 크게 영향을 미치지 않을 것으로 보인다.

② 다주택자에 대한 보유세가 대폭 강화될 경우, 2026년에 만료 매물의 출회 가능성은 높아진다. 신축 공급 감소에도 매물 증가로 인해 시장이 억눌릴 것이다. 다만 주임사(다주택자)들은 매물 정리를 통해 보유 물량을 줄인 뒤 핵심지 매수에 나설 가능성이 크다. 이 경우 상급지와 중·하급지 격차가 더욱 벌어져 양극화가 심화될 수 있다.

수급: 계약갱신청구권 사용 물량

매매 물량에서 '2026년 주임사 만기 물량'이 중요한 영향을 미친다면, 전세 물량에서는 '계약갱신청구권 사용 물량'이 또 다른 변수로 부상할 전망이다.

앞서 언급한 정책의 부작용을 조금 더 깊이 들여다보자. 이전까지는 수도권 입주 물량과 서울 전세가 사이에 상당히 유의미한 음(陰)의 상관관계가 있었으나 이런 상관관계가 흐트러진 시점이 바로 임대차3법이 시행된 2020년 이후다.

다음 페이지 표에서 보다시피 2020년은 수도권 입주 물량이 상당히 많았고, 특히 서울은 역대 최대 수준 입주 물량이 몰렸음에도 전세가가 폭등했다. 앞서 말한 바와 같이 임대차3법으로 인한 전세 유통 매물 급감 때문이었다.

반대로 2022년에는 계약갱신청구권 사용 물량이 나오면서 전세가가 폭등할 것이라는 의견이 많았으나, 나는 전세가 하락을 예상했다. 그 근거 역시 전세 유통 매물에 있다.

즉, 2020년에는 입주 물량이 역대급으로 많았음에도 계약갱신청구권 사용으로 전세 유통 매물이 급감하면서 전세가가 펀더멘털 이상으로 폭등했다. 반면 2022년에는 입주 물량이 줄었음에도 2020년에 계약갱신청구권을 사용한 물량이 시중에 다시 풀리면서 전세 유

연도	수도권 입주 물량	서울 전세가 상승률
2020년	19.4만 호	12.3%
2021년	19.0만 호	11.9%
2022년	17.6만 호	−5.5%
2023년	19.5만 호	−8.4%
2024년	18.5만 호	6.6%

• 출처: 국토교통부, KB부동산

통 매물이 증가해 전세가가 하락했다.

2024년에 입주 물량이 적지 않았음에도 전세가가 상당히 올랐던 것도 같은 맥락이다. 즉, 2020년에 계약갱신청구권을 사용했던 물건들이 2022년에 신규 계약으로 체결되고 2024년에 계약갱신청구권을 다시 사용하면서 전세 유통 매물이 감소한 것이다.

이런 흐름이라면 2024년에 계약갱신청구권을 사용한 물건들이 2026년에 시중에 풀리면서 전세가 하방 압력으로 작용할 수 있다. 다만 2026년에는 신축 입주 물량 자체가 급감할 것으로 전망되기 때문에 전세가는 상승할 가능성이 높다. 그러나 계약갱신청구권을 이미 사용한 기축 전세 매물이 풀리기 때문에 일각에서 거론되는 급등은 어려울 것으로 보인다.

정책: 전세자금대출 DSR 포함 여부

향후 핵심 변수는 전세자금대출의 DSR 포함 여부다. 이 부분은 2장에서도 언급한 바 있다. 여기서 잠깐, 축구장의 바보라는 일화를 소개하고자 한다.

축구장에 관중들이 가득 들어차 있다. 모두 앉아서 경기를 보는데 한 사람이 조금 더 잘 보려고 일어서기 시작하면, 그 뒤에 앉은 사람들도 앞이 안 보이므로 일어서서 경기를 보게 된다. 결국 모두가 일어서서 경기를 관람해야 한다. 앉아서 보나 일어서서 보나 축구 경기를 보는 효용은 같지만, 한 사람이 일어서면서 모두가 일어서서 보는 불편함을 감수하게 되는 것이다.

전세자금대출도 이와 비슷한 맥락이다. 원래 전세는 충분한 현금을 마련할 수 있는 사람들이 들어가는 것이었으나 전세자금대출이 생기면서 더 좋은 주거 환경을 원하는 사람들이 하나둘씩 대출을 받게 되고 그 결과 전세가가 올라갔다. 이것이 매매가를 밀어올린 측면은 '축구장의 바보' 현상과 일맥상통한다. 앞서 언급한대로 전세대출 잔액이 2019년 105조 원에서 2024년 171조 원으로 늘어나면서 매매가에도 간접적인 상방 압력으로 작용한 것을 부인할 수 없다.

전세자금대출은 '규제의 사각지대'였기 때문에 대체로 대출이 쉬웠고, 이에 따라 전세가에도 어느 부분 버블이 형성됐다. 그러나 전세자금대출을 없애거나 규제를 강화하는 일은 어느 정권도 하지 못했기에, 전세자금대출로 발생한 버블은 '상수'로 여겨졌다. 즉, '버블'로 인식되지 않았다. 그런데 만약 전세자금대출에도 DSR 규제의 칼날을 들이댄다면 이야기는 달라진다.

물론 전세자금대출은 대부분 '이자만 상환하는 비거치식 대출'이기 때문에 원리금을 상환하는 주택담보대출보다 DSR 규제 편입의 영향이 상대적으로 작을 수 있다. 그러나 기존에 받아놓았던 전세자금대출이 DSR 계산에서 제외돼 여유가 있었던 대출자들은 이제 DSR 한도 내에서 전세자금대출까지 고려해야 하는 변수가 생긴다. 예를 들어 이미 상당액의 신용대출이나 자동차 할부, 학자금 대출이 있는 사람은 전세자금대출을 받기 어려워진다. 소득 대비 대출이 많고 DSR 여유가 적은 청년, 신혼부부, 저소득층에도 전세자금대출의 DSR 규제 반영은 큰 부담으로 작용한다. DSR이 모든 대출을 합산하는 기준이기 때문에 기존 대출이 있는 사람은 전세자금대출이 DSR에 포함될 경우 타격이 불가피하다.

자산은 적지만 소득이 있는 계층에 이번 조치의 영향이 클 것으로 보이며, 특히 이미 전세자금대출을 보유한 상태에서 '영끌'을 통해 내 집 마련을 꿈꾸는 2030 세대에게는 매우 큰 타격이 될 수 있다. 달리 말하면 강남3구 및 용산구 등 최상위 입지의 고액 전세 수요층은 전세자금대출에 의존하지 않거나 현금 보유력이 높은 경우가 많기 때문에 DSR 규제 적용에 따른 영향이 상대적으로 덜할 것으로 예상된다. 결국 전세자금대출 규제는 중급지나 하급지에 더 큰 충격을 주고 이는 또 다른 형태의 양극화를 초래할 수 있다.

그러나 '주택담보대출 한도 6억 원 제한' 규제와 마찬가지로 전세자금대출 역시 현재 설정된 5억 원 한도를 축소하는 방식의 규제가 도입될 경우 이야기는 달라진다. 예를 들어 전세자금대출 한도를 가구당 3억 원까지만 허용할 경우 서울에서 10억 원 이상 전세가를 형성하고 있는 아파트에 입주하려는 세입자는 7억 원 이상의 자금을 자력으로 마련해야 한다. 고소득자라 하더라도 현금 자산이 부족한 실수요자에게는 상당한 진입 장벽이 되는 셈이다. 결국 상급지 전세시장도 가격 조정 압력을 피하기 어려워진다.

이런 점에서 지난 대선 당시 서울에서는 강남3구 및 용산구에서만 패배한 더불어민주당 정부 입장에서는 중·하급지에 더 큰 타격을 주는 전세자금대출의 DSR 규제보다는 상급지에 보다 직접적인 영향을 미치는 총액 한도 제한 방식의 규제를 더 현실적인 대안으로 고려할 가능성이 크다.

또한 앞서 언급했듯, 전세자금대출이 DSR 규제에 포함되면 전세가 하락 → 갭투자 감소 → 전세에서 월세로의 전환 증가 → 실수요자의 자본 축적 능력 저하라는 흐름으로 이어져, 시장을 하향 안정화시키는 트리거가 될 수 있다는 점도 간과할 수 없다.

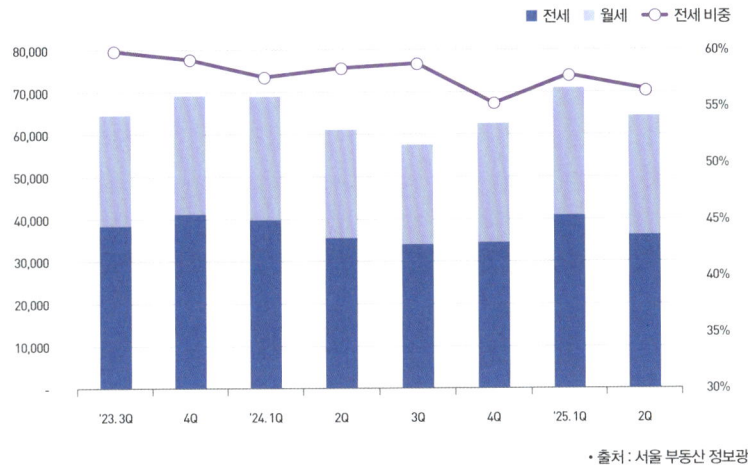

• 출처 : 서울 부동산 정보광장

〈중앙일보〉가 추경호 국민의힘 의원실을 통해 확보한 국토교통부 '1~5월 서울 주택 매매 자금조달계획서 집계 자료'에 따르면 2025년 1~5월 서울 부동산 매매 거래의 41%는 갭투자인 것으로 나타났다. 역시 상급지일수록 갭투자 비중이 높게 나타났으며 용산구 55.5%, 서초구 54.1%, 동작구 50.1%, 마포구 48.0%, 강남구 46.4%, 광진구 44.8%, 성동구 44.5% 순이었다. 모두 올해 상반기 가격 상승을 주도한 지역들이다. 따라서 전세자금대출의 DSR 규제로 전세가가 하락해 갭투자가 줄어들 경우, 서울 부동산 매매 수요에도 타격이 불가피한 상황인 것이다.

위의 그래프는 서울 임대차 거래를 전·월세로 구분하고, 이 중 전세 비중을 직선 모양으로 나타낸 것이다. 전국 기준으로 보면, 2022년 4월 월세 계약 건수가 처음으로 전체 임대차 거래의 절반을 넘어섰고, 이런 추세가 계속 이어져 2022년 5월에는 61%에 달했다. 2021년에 41.9% 수준이었던 월세 비중이 2025년 5월에는 61%까지 치솟은 셈이다.

그러나 서울의 상황은 달랐다. 그래프에서 보듯 서울 임대차 거래 내 전세 비중은 2023년 3분기 60%에서 2024년 4분기 55%까지 점진적으로 하락했지만 2025년 들어 1분기 58%, 2분기 57%로 반등했다. 이는 서울에서는 여전히 '전세'에 대한 수요와 필요가 강하게 존재한다는 의미다. 그리고 이것이 서울에서 갭투자 비중이 유독 높은 주요 이유 중 하나로 작용한다.

그런데 6.27 대출 규제로 수도권에서 주택담보대출을 받아 주택을 구입할 경우, 6개월 내 실거주 전입 의무가 부과됐고 소유권 이전을 조건으로 한 전세대출 역시 제한됐다. 이에 따라 서울도 전세 비중이 점차 하락할 것이라는 전망에 힘이 실리고 있다.

여기에 더해 전세자금대출도 DSR 규제에 포함되거나 총액 제한이 강화된다면 전세 비중 감소는 더욱 뚜렷해질 가능성이 크다. 향후 공급 감소가 확실시되는 상황에서 임대차 매물의 전반적인 축소가 예상되며, 이러한 변화가 현실화된다면 전세 비중은 줄어들고 월세 비중은 늘어날 것이다.

특히 향후 공급 절벽이 뻔히 예고된 상황을 방치할 경우, 전세가 급등은 불 보듯 뻔한 미래다. 그렇다면 이재명 정부가 월세 비중 상승이라는 부작용을 감수하면서까지, 전세가 급등을 막기 위해 전세자금대출을 본격적인 규제 대상으로 삼을 것인지가 향후 정책 방향의 핵심 관전 포인트가 된다.

그리고 명심할 것이 있다. 전세자금대출이 DSR에 포함되거나 총액 한도가 축소될 경우, 이는 전세가뿐만 아니라 매매가에도 직간접적으로 타격을 줄 수 있는 중대한 변수라는 점이다.

정책: 다주택자 규제 완화 여부

작금의 부동산 초양극화 심화에는 정책의 책임도 크다. 그중에서도 현행 주택 세제가 '똘똘한 한 채' 선호 현상을 부추기며, 시장을 왜곡하고 조세 형평성마저 해치고 있다는 지적이 나온다.

박훈 서울시립대 세무학과 교수 연구팀에 따르면, 똑같이 6억 원을 투자해 부동산을 구입한 A씨와 B씨의 사례가 이를 잘 보여준다. A씨는 서울에 아파트 한 채를 구입했고, 10년 뒤 집값이 2배로 올라 12억 원에 매도하여 6억 원의 차익을 거뒀다. B씨는 수도권에 각각 3억 원짜리 아파트 두 채를 구입했고, 마찬가지로 10년 후 집값이 2

배가 되자 한 채를 팔아 3억 원의 차익을 실현했다.

결과는 예상 밖이다. A씨는 1주택자 비과세 혜택을 적용받아 양도세를 한 푼도 내지 않았다. 반면, B씨는 2주택자이기 때문에 일반 양도세가 적용돼 무려 7,000만 원의 세금을 부담했다. 같은 시기, 같은 보유 기간, 비슷한 투자 구조임에도 불구하고, 3억 원 더 많은 차익을 실현한 A씨가 세금을 덜 낸 것이다. A씨가 1주택자라는 점 때문에 말이다.

게다가 정부는 1세대 1주택자에게 '장기보유특별공제(이하 장특공)'라는 추가적인 세제 혜택을 부여하면서 12억 원을 초과하는 고가 주택에 대해서도 실질적인 세 부담을 낮추는 구조를 만들었다. 그 결과, 양도세 부담을 줄이기 위해 매도 시점을 늦추는 현상, 즉 고가 주택의 매물 감소 현상이 발생하고 있다.

양도세는 원칙적으로 차익이 클수록 높은 세율을 적용하는 누진 과세 구조를 따른다. 하지만 1세대 1주택자는 장특공을 통해 최대 80%까지 양도 차익을 공제받을 수 있다. 이 혜택은 '10년 보유 + 10년 실거주' 요건을 충족할 경우에 주어진다. 구체적인 예를 들어보겠다.

가령 한 사람이 18억 원에 아파트를 구입해 10년 거주 후 58억 원에 매도했다고 가정해보자. 여기서 양도 차익은 40억 원이다. 하지만 장특공 최대 혜택을 적용받으면 80%에 해당하는 32억 원이 공제된다. 결국 과세 대상은 8억 원에 불과하며, 실제로 납부하는 양도세는 2억 원 남짓에 그친다. 40억 원의 차익에 세금이 2억 원이라면, 1세대 1주택자의 세제 메리트는 실로 압도적이다.

실제는 다주택자가 늘어날수록 집값 상승폭이 축소되는 상황을 앞서 설명한 바 있는데 작금의 현상은 팩트와 다르게 '다주택자'를 집값 불안정의 주범으로 보고 규제를 집중시킨 데 따른 결과다. 과세 기준을 주택 수가 아닌 주택 가액 및 양도 차익 총액으로 전환해야 한다는 주장이 나오는 이유다.

한편, 2025년 5월 29일 이창용 한국은행 총재의 발언은 현재 한국 경제가 처한 상황을 단적으로 보여준다. 한국은행은 2025년 경제성장률 전망치를 기존 1.5%에서 0.8%로 대폭 하향 조정했는데, 이 중 -0.7%p의 조정폭 가운데 -0.4%p는 건설 경기 부진 때문이라고 언급했다.

정부가 지방 부동산 부양을 위한 정책 전환 가능성을 검토할 수밖에 없는 현실적인 이유다. 이 같은 맥락에서 본다면, 다주택자 규제 완화는 지방 부동산 시장을 회복시키고, 수도권 중심의 초양극화를 완화하는 첫 번째 해법이 될 수 있다.

따라서 이재명 정부가 과거 민주당 정권들과 달리 '다주택자 규제 완화'라는 정치적으로 민감한 카드를 꺼낼 수 있을지는 향후 부동산 정책의 향방과 시장의 흐름을 가늠할 매우 중요한 관전 포인트라 할 수 있다.

4장

—

이재명 시대,
부동산은
이렇게 움직인다

공급 부족, 그 예고된 미래

다음 페이지에서 2005년부터 2019년까지 서울 아파트 전세가 상승률과 서울·수도권 입주 물량을 비교한 그래프를 살펴보자. 위의 그래프는 서울 전세가 상승률과 서울 입주 물량을 비교한 것이고, 아래의 그래프는 서울 전세가 상승률과 수도권 입주 물량을 비교한 것이다. 각 그래프의 왼쪽 세로축이 입주 물량, 오른쪽 세로축이 전세가 상승률이다.

전세가 상승률과 입주 물량은 통상적으로 음(陰)의 상관관계, 즉 입주 물량이 줄면 전세가는 상승하고, 입주 물량이 늘면 전세가는 하락하는 경향이 있는 것으로 알려져 있다. 그러나 그래프를 보면 이러

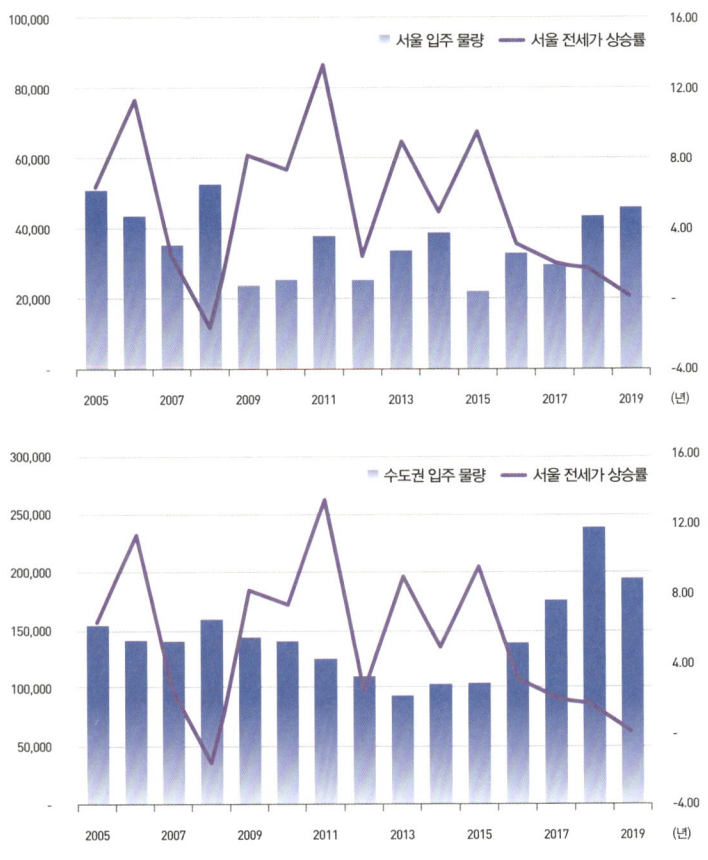

• 출처 : KB부동산, 국토교통부

한 통념이 항상 일치하는 것은 아님을 확인할 수 있다.

예를 들어, 2012년 서울의 입주 물량은 전년 대비 감소했지만 전세가 상승률은 오히려 둔화됐으며, 반대로 2013~2014년에는 입주 물량이 증가했음에도 전세가 상승률이 높아지는 흐름을 보였다. 하지만 아래의 그래프에서는 다른 양상이 포착된다. 수도권 전체 입주 물량과 서울 전세가 상승률은 보다 뚜렷하게 반대로 움직인다.

두 지표 간의 관계를 설명할 때 흔히 사용하는 지표가 상관계수다. 일반적으로 상관계수가 +0.5 이상이면 양(陽)의 상관관계, 즉 두 지표가 함께 오르거나 함께 내리는 경향이 있다고 해석하며, −0.5 이하일 경우는 음(陰)의 상관관계, 즉 한 지표가 오를 때 다른 지표는 내리는 반대 방향의 움직임을 보인다고 해석한다.

그런데 서울 입주 물량과 서울 전세가 상승률 사이의 상관계수는 −0.30, 수도권 입주 물량과 서울 전세가 상승률 사이의 상관계수는 −0.49로 나타났다. 이는 서울 전세가 상승률이 서울 입주 물량보다는 수도권 입주 물량과 더 강한 반비례 관계를 가진다는 의미다.

이러한 분석 결과는 서울 전세가의 향방이 서울 내부의 공급 상황보다는 수도권 아파트 입주 물량에 더 크게 좌우된다는 점을 시사한다. 결국 수도권 입주 물량이 많아지면 서울의 전세 수요 일부가 수도권으로 이동하면서 서울 전세가 상승 압력이 줄어든다는 해석이 가능하다. 이 같은 흐름을 염두에 두고, 최근 연도별 수도권 아파트 착공 물량 추이를 살펴볼 필요가 있다.

다음 페이지의 그래프는 연도별 수도권 아파트 착공 물량을 정리한 것이다. 착공 물량은 2021년 23.6만 호로 정점을 찍은 뒤, 2022

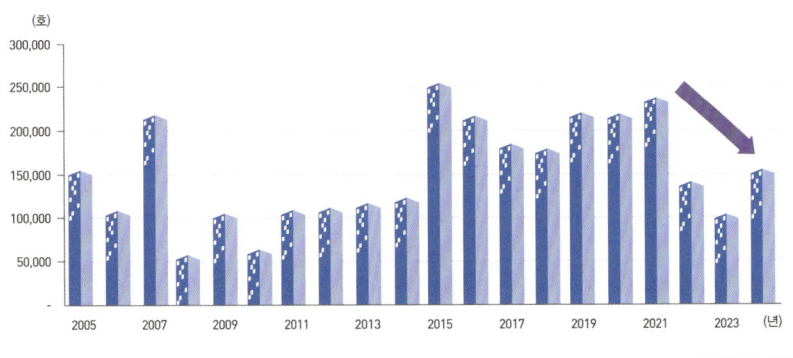

년 14.0만 호, 2023년 10.2만 호까지 가파르게 감소했다. 2024년 15.1만 호로 일시적 반등이 있었지만, 여전히 충분한 수준은 아니다.

2025년도 6월까지 5.9만 호만 착공한 상황이다. 일반적으로 착공 후 약 3년 뒤 입주가 이뤄진다는 점을 고려하면, 수도권 아파트의 입주 물량은 2024년 정점을 기록한 후, 2025~2026년 급감, 2027년 소폭 반등, 그리고 2028년 다시 감소하는 흐름이 예상된다.

따라서 앞서 설명했듯이 수도권 입주 물량과 음(陰)의 상관관계를 보이는 서울 전세가는 2026년까지는 강한 상방 압력, 2027년 잠시 안정세, 2028년 다시 상방 압력에 직면할 가능성이 크다. 그러나 전세가율이 오른다고 해서 곧바로 매매가가 오른다는 것은 아니다.

2024년 하반기, 서울 전세가율은 중장기 평균(54.3%)에 근접하

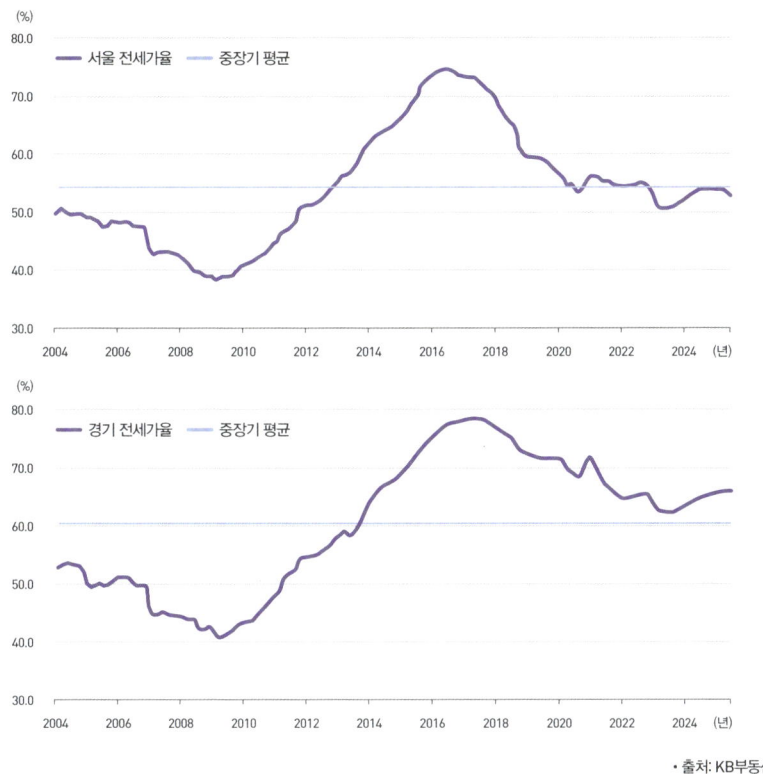

• 출처: KB부동산

면서 매매가를 밀어올릴 수 있는 수준에 다다랐다. 그러나 2025년 상반기 매매가의 급등으로 인해 전세가율은 다시 53.0%까지 하락했다. 특히 강남 3구의 전세가율은 단 6개월 만에 더 많이 떨어졌다.

강남구: 42.2% → 39.4%

서초구: 46.7% → 43.8%

송파구: 44.9% → 41.9%

이처럼 서울 내에서도 전세가율이 사상 최저 수준에 근접한 핵심지는 전세가율이 일정 수준 이상 회복되기 전까지는 매매가가 본격적인 상승 탄력을 받기는 어려울 것이다.

여기에 최상위 소득 계층과의 괴리 확대, 주택담보대출 한도 6억 원 제한, 가계대출 총량 규제 강화 등 유동성 압박 요인까지 겹치면서, 단기간 내 유의미한 매매가 상승은 쉽지 않을 것으로 전망된다.

그러나 핵심지에서 상급지, 상급지에서 중급지로 내려갈수록 상대적으로 풍선 효과의 수혜를 볼 가능성이 커진다.

우선 앞서 6.27 대출 규제 내용 중 '수도권 주택 구입 시 주택담보대출을 받을 경우 6개월 이내 전입 의무화'가 갭투자 수요를 줄이는 내용임을 언급한 바 있는데, 서울은 급지가 올라갈수록 갭투자 비중이 올라가는 사실을 57페이지에서 설명했다. 반대로 말하면 급지가 내려갈수록 갭투자 감소의 영향을 덜 받는다. 게다가 급지가 내려갈수록 전세가율이 높아 향후 공급 부족에 따른 전세가 상승 시 갭투자 활성화로 매매가가 자극을 받기 쉬워진다. 그리고 급지가 내려갈수록 주택담보대출 한도 6억 원 제한의 영향을 덜 받게 된다. 그렇게 판단할 수 있는 핵심 근거 중 하나는 바로 매물 감소 현상이다. 서울 아파트 매매 매물은 2025년 2월 말 9.4만여 건을 정점으로 3월 말 8.8만여 건, 5월 말 8.3만여 건, 7월 말 7.5만여 건으로 빠르게 줄어드는 중이다.

그런데 그 내역을 조금 더 자세히 살펴보면 흥미롭다. 2025년 3월 24일, 강남3구 및 용산구가 토지거래허가구역으로 지정됐다. 이후 3월 말 기준 전체 서울 아파트 매물은 9만여 건에서 4월 말 8.7만여 건으로 0.3만여 건 감소했는데, 이 가운데 강남3구 및 용산구에서만 0.4만여 건이 줄었다. 토지거래허가구역으로 지정됐음에도 폭등한 데에는 바로 여기에 이유가 있다. 갭투자 금지로 수요가 줄어든 데다 매물이 감소한 점도 한몫한 것이다.

그런데 5월부터 양상이 달라졌다. 서울 아파트 매매 매물은 4월 말 8.7만여 건에서 5월 말 8.3만여 건으로 0.4만여 건 감소했는데 강남3구 및 용산구는 0.1만여 건만 감소했다. 다른 지역의 매매 매물 감소폭이 더 컸는데, 지역별로 매물 감소폭이 두 자릿수 이상인 곳을 보면 동작구, 성동구, 광진구, 양천구, 영등포구, 마포구 순이었다. 주로 강남3구 및 용산구 다음 급지로 일컬어지는 지역들이다. 이는 핵심지인 강남3구 및 용산구에서 상급지로 풍선 효과가 발생하면서 해당 지역의 매물이 소화되고 있었다는 뜻이다.

그런데 6~7월 매매 매물 감소폭이 두 자릿수 이상인 곳을 다시 추려보면, 광진구, 성동구, 송파구, 강남구, 용산구, 마포구, 동작구, 서초구, 동대문구, 영등포구, 강동구 순이었다. 매물 감소 지역이 점차 확대되고 있음을 보여주는 대목이다.

이처럼 진행되는 이유는 명확하다. 현재 상급지와 중급지에 보유 중인 주택을 매도하고, '영끌'을 통해 핵심지와 상급지로 갈아타려는 움직임이 주택담보대출 한도 6억 원 제한으로 어려워지면서, 자신이 내놓았던 매물을 거둬들이는 현상이 나타나고 있는 것이다. 이것이 상급지와 중급지 매물이 줄어들고 있는 주요 원인이다. 그리고 급지 가 내려갈수록 주택담보대출 한도 6억 원 제한의 영향을 덜 받기 때 문에 해당 급지의 매물 감소는 매매가 상승 가능성을 높여준다.

풍선 효과는 경기도에도 영향을 미칠 것으로 보인다. 실제로 전 세가율만 보더라도 2025년 6월 기준 66.4%로, 중장기 평균치 (60.6%)를 훌쩍 넘어선 데다 지속적인 상승 곡선을 그리고 있다. 수 도권 입주 물량 감소는 경기도 전세가에도 상방 압력을 가할 가능성 이 크며, 현재의 전세가율이 추가로 상승할 경우 매매가로의 전이는 불가피한 상황이다.

다만 한 가지 명확히 해야 할 점은, 그렇다고 해서 상급지의 상승세 가 장기간 멈춘다는 뜻은 아니라는 것이다. 2026년 이후에는 공급 감소의 여파가 상급지에도 본격적으로 미치게 된다.

결국 향후 공급 축소로 인해 상급지의 전세가율도 정상 수준까지 회복되고, 풍선 효과로 중급지 가격이 일정 부분 상승해 상급지와의 갭이 줄어들면, 매수세는 시차를 두고 다시 상급지로 집중될 수밖에 없다.

어차피 유동성은 확대될 수밖에 없다

이재명 대통령은 대선 후보 시절, 우리나라의 국내총생산 대비 국가 부채비율이 50% 미만으로, 통상 100%를 넘는 주요국들에 비해 낮다는 점을 들어 재정 확대의 필요성을 연일 강조했다. 대통령으로 당선된 이후에도 지난 6월 19일 "건전 재정과 재정 균형의 원칙도 중요하지만, 이제는 국가 재정을 사용할 때가 됐다"고 밝히며 본격적인 재정 투입을 예고했다. 실제로 정권 초기에 30조 원이 넘는 '슈퍼 추경'을 곧바로 통과시킨 것이 그 신호탄이다. 앞으로도 적극적인 재정 정책이 이어질 것이 확실시된다. 국회에서 여권이 180석 이상을 차지하고 있어 별다른 걸림돌도 없다.

　금리는 어떨까. 이창용 한국은행 총재는 "과도한 금리 인하는 부동산 가격 상승과 가계부채 급증을 유발할 수 있다"고 경고하며, 금리 인하 속도 조절의 필요성을 강조했다. 그러나 이는 금리 인하를 일시적으로 중단시킨 데 불과하다는 게 중론이다. 내수 경기가 심각한 상황에서 금리 인하를 계속 미루기 어렵기 때문이다.

결국 '6·27 대출 규제'는 금리 인하에 앞서 부동산 시장을 안정화시키기 위한 선제적 조치였다고 볼 수 있다. 나아가 향후 이 규제로 인한 시장 안정 흐름을 금리 인하의 명분으로 활용할 가능성이 높다. 실제로 7월 10일 열린 금통위 회의에서 7명 중 4명의 위원이 '3분기 내 금리 인하 여지'가 있다고 밝혔으며, 〈로이터〉 설문에서도 3분기 중 0.25%p 인하, 4분기 추가 0.25%p 인하를 예상하는 전문가들이 많았다.

또 하나 예고된 이벤트는 '세계국채지수 편입'이다. 가장 직접적인 효과는, 2026년 4월 세계국채지수 편입 시점부터 70~80조 원에 달하는 외국인 자금이 단계적으로 국내 국채 시장에 유입된다는 점이다. 국채 수요가 증가하면 채권 가격은 상승하고, 그에 따라 국고채 금리는 하락한다. 이로 인해 회사채와 주택담보대출 금리까지 연쇄적으로 낮아지는 효과가 발생한다. 금융연구원의 분석에 따르면, 약 0.2~0.6%p 수준의 금리 인하 효과가 기대되는데, 이는 기준금리를 낮추지 않고도 대출금리가 인하되는 셈이다.

결국 재정 확대와 금리 인하는 시간의 문제일 뿐, 이미 예정된 미래다. 이는 결국 유동성 확대를 불러와 자산 시장을 들썩이게 만들 가능성이 크다. 물론 이재명 정부는 유동성을 주식 시장으로 유도하기 위해 다양한 정책을 펼칠 것이다. 그러나 부동산 공급 부족 심화 또한 이미 예고된 수순이다. '유동성 확대'와 '공급 부족'이 맞물릴 경우 어떤 일이 벌어질지는 더 이상 설명이 필요 없다. 다만 그 시점이 언제일지, 상승 폭이 어느 정도일지는 수급 상황과 정책 변화에 따라 달라질 수 있다.

중장기적으로 가격이 내려가기 어려운 구조

설령 조정이 온다 해도 크게 흔들릴 필요가 없다. 현재 시장 메커니즘 자체가 집값이 내려가면 공급이 늘어나기 힘든 구조가 됐기 때문이다.

다음 페이지의 그래프에는 작지 않은 의미가 담겨 있다. 독자 여러분도 최근 분양가 급등 소식을 자주 접했을 텐데, 2024년 분양가 상승률은 관련 통계가 집계되기 시작한 2015년 이후 최대치를 기록했다. 코로나 엔데믹 이후 글로벌 인플레이션을 억제하기 위한 금리 인상과 함께 인건비와 자재비 상승이 겹치면서, 건설사 입장에선 분양가를 올리지 않고는 채산성을 확보하기 어려운 환경이 된 것이다. 여기에 더해 이재명 정부 출범 이후 공사 안전에 대한 관리가 강화되면서 공기 연장과 비용 추가 상승이 불가피해졌다. 이 역시 분양가 인상 요인이다.

여기서 중요한 대목은 바로 '분양가를 올리지 않으면 집을 지을 수 없는 환경'이다. 공사비 급등으로 인해 건설사가 수익을 내기 위해선

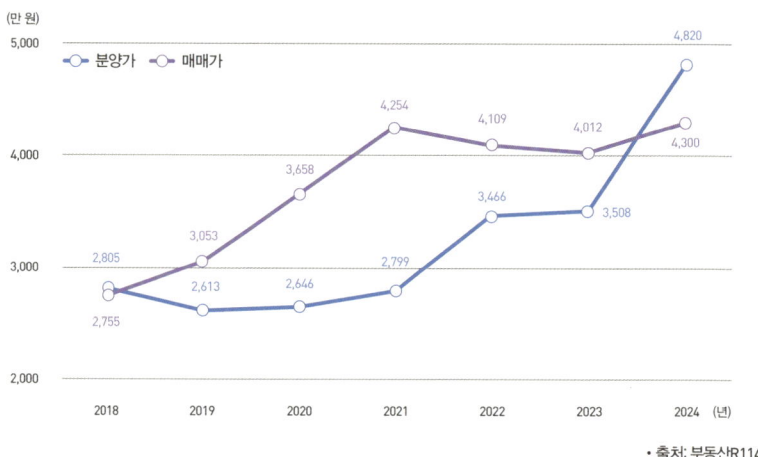

(만 원)

- 출처: 부동산R114

분양가 인상이 필수인데, 분양가가 오르려면 기축 주택 가격 역시 동
반 상승해야 한다. 기축 집값보다 분양가가 과도하게 비싸다면, 소비
자 입장에서는 신축 분양을 받을 유인이 줄어들기 때문이다.

결국 공급이 늘어나려면, 다시 말해 분양이 본격화되려면 '집값이
올라야 한다'는 결론에 이르게 된다. 반대로 집값이 하락할 경우 분
양가를 올릴 수 없고, 이는 공급 위축으로 이어질 수밖에 없다. 집값
이 하락한다 해도 그로 인해 공급이 줄어들게 되므로, 결국 집값은
일정 수준 이상 오를 수밖에 없다는 이야기다.

핵심 변수의 방향에 따른 집값 시나리오

우선, 이재명 정부가 다주택자에 대한 보유세를 대폭 강화할 경우, 2026년에 만료되는 주임사 물건이 대거 시장에 출회될 것으로 예상된다. 이는 시장에 막대한 매물 부담을 안길 수 있으나 주요 시보다 전체 세대수 대비 임대주택 비율이 높은 도 지역(경기도 제외)의 부담이 더 크게 나타날 것이다.

또한, 다주택자들이 덩치를 줄이고 '똘똘한 한 채' 중심으로 포트폴리오를 재편할 경우, 매물 소화가 원활한 상급지와 매물 적체가 심화되는 중·하급지 간의 격차는 더욱 벌어질 수 있다.

반면, 다주택자에 대한 보유세가 현 수준으로 유지되거나 완화될 경우, 2026년 만료 예정인 주임사 매물의 출회 가능성은 낮아진다. 이 경우 공급 감소와 맞물리며 시장 전반의 상승 분위기를 촉발할 수 있지만, 양극화는 심화되지 않을 것으로 보인다.

2026년은 신축 공급이 급감하는 해이지만, 2020년에 이어 2024년에 계약갱신청구권을 사용했던 전세 물건들이 임대차 시장에 다시 풀리는 시점이기도 하다. 이에 따라 2026년 전세가의 경우, 일각에서 제기되는 '급등'보다는 '상승' 가능성에 무게를 두는 것이 타당하다.

전세자금대출이 결국 DSR에 포함될 경우, 현금 동원력이 상대적으로 약하거나 이미 대출이 많은 계층이 타격을 받게 돼 중·하급지에 부정적인 영향을 미칠 가능성이 크다. 그러나 전세자금대출도 총액 한도를 제한하는 방식으로 규제할 경우에는 오히려 상급지 전세 시장이 가격 조정 압력을 받을 것으로 예상된다.

지난 대선에서 더불어민주당은 서울 내 강남3구 및 용산구에서만 패배했기 때문에, 증세를 하고 싶으나 서울에서의 정치적 우위를 유지하려는 정부 입장에서는 상급지를 겨냥한 '핀셋 타격'이 이뤄질 가능성이 높다. 이에 따라 전세자금대출 규제는 전면적인 DSR 반영보다는 총액 한도 제한 방식이 선택될 여지가 크다.

어느 형태의 전세자금대출 규제가 도입되더라도, 전세 비중의 감소와 월세 비중의 증가는 불가피할 것이다. 이는 곧 갭투자의 감소와 주택 미래 매매 수요의 현금 축적 기회 상실로 이어져, 중장기적으로 매매가에 하방 압력으로 작용할 것이다.

그리고 앞서 언급했듯, 다주택자 규제 완화는 지방 부동산을 살릴 수 있는 첫 번째 첩경이다. 만일 지방 부동산에 대한 부양책과 함께 다주택자 규제까지 완화된다면, 초양극화 및 서울 일극화 현상은 일정 부분 완화될 가능성이 있다. 그동안 극심한 격차를 보여왔던 서울과 지방 광역시 간의 밸류에이션 차이 역시 어느 정도 해소될 수 있을 것이다.

반대로, 다주택자 규제가 유지되거나 오히려 강화될 경우에는 이러한 양극화 현상이 계속되거나 더욱 심화될 수 있다.

서울 상급지는 그간 빠르고 크게 상승하면서 펀더멘털 대비 초과 상승이 이뤄졌기 때문에, 전세가율이 어느 정도 회복되거나 중급지와의 갭이 축소되기 전까지는 유의미한 상승 탄력을 받기 어려울 것이다. 반면, 그 외 지역은 상급지와 중·하급지 간의 격차가 지나치게 벌어진 상황에서 풍선 효과의 수혜를 누릴 가능성이 크다.

경기 및 지방 광역시 역시 충분히 높아진 전세가율과 더불어 보다 심화된 공급 감소를 맞이하며 상승에 시동을 걸 것으로 보인다.

이러한 예측을 바탕으로, 앞서 언급한 핵심 변수들의 방향성을 대입해 판단할 필요가 있다. 그중에서도 가장 중요한 핵심 변수는 이재명 정부의 '다주택자 규제'에 대한 입장이다. 만일 전방위적인 규제 강화가 이뤄질 경우, 주택임대사업자 매물이 시장에 출회되겠지만 '똘똘한 한 채' 선호 현상이 유지되거나 오히려 강화되면서 서울의 일극화 현상은 쉽게 해소되지 않을 것이다.

정말로 양극화 해소에 대한 의지가 있다면, 다주택자 규제 완화가 선행돼야 한다. 이재명 정부의 현상 파악 능력과 정책 의지가 시험대에 오르는 순간이다.

5장

대구와 울산이
심상치 않다

역발상의 길, 지방 투자

앞서 살펴보았듯, 양극화 수준은 이미 역대 최대치를 가볍게 경신하며 지속적으로 심화되고 있다. 이러한 흐름 속에서 지방 부동산에 대한 부양책이나 규제 완화 필요성에 대한 공감대 역시 점차 무르익고 있는 게 사실이다. 2008년과 현재를 비교해봄으로써 서울과 지방 광역시 간 격차가 향후 축소될 가능성이 있는지 살펴보고자 한다.

2008년과 현재를 비교하려는 이유는, 서울이 2001년부터 지방 대비 초과 상승을 지속한 결과, 서울과 지방 광역시 간의 집값 격차가 역대급으로 벌어졌던 시점이 2008년이기 때문이다. 나는 기본적으로 재화의 가치는 결국 펀더멘털에 수렴한다는 명제를 따르는 입장이다. 그런 관점에서 당시 서울과 지방 광역시 간에 벌어진 격차는 펀더멘털 차이를 넘어선 수준이었다고 판단했다.

앞서 언급했듯, 나는 주로 전세가율과 주택구입부담지수를 통해 지역별 부동산의 버블 수준을 판단하는데, 2008년 당시 서울과 지방 광역시 간의 격차가 펀더멘털을 초과했다고 본 근거 역시 바로 이 두 지표였다.

우선 전세가율부터 살펴보자. 서울은 2004년 1분기 50.4%에서 2008년 4분기 38.7%로 크게 하락했다. 반면 6대 광역시는 같은 기간 67.2%에서 65.6%로 소폭 하락하는 데 그쳤다. 인천 전세가율 47.6%를 제외하면, 지방 광역시 전세가율은 70%에 육박했을 것으로 추정된다. 6대 광역시의 전세가율은 거의 하락하지 않았던 반면, 서울의 전세가율 하락폭은 상당히 컸다. 2008년 전세가 대비 매매가의 버블은 서울이 지방 광역시보다 훨씬 커졌다고 볼 수 있다.

다음은 주택구입부담지수다. 서울은 2004년 1분기에는 소득의 29.1%를, 2008년 4분기에는 소득의 39.5%를 원리금 상환에 사용해야 했다. 반면, 지방 광역시는 2004년 1분기에는 소득의 13.0%를, 2008년 4분기에는 소득의 12.5%를 원리금 상환에 사용하는 수준이었다.

전세가율, 소득 및 금리 상황과 집값을 종합적으로 비교해볼 때, 2008년 당시 지방 광역시는 전혀 버블이 커지지 않은 반면, 서울은 버블이 커졌다고 판단할 수 있다. 이런 상황에서 이명박 정부가 지방 미분양 주택 취득세 감면, 다주택자 양도세 중과 유예 및 취등록세 완화 등의 정책을 시행하자 2009년부터 2013년까지는 수도권 입주 물량 감소에도 불구하고 서울의 집값은 하락세를 이어간 반면, 지방 광역시는 오히려 폭등세를 보이며 서울과의 격차를 빠르게 줍히는 국면을 맞이했다. 2008년 당시 지방 광역시 대비 서울의 버블이 크게 커지지 않았다면 이렇게까지 격차가 다시 축소되지는 않았을 것이라고 본다.

그렇다면 현재 상황은 어떨까? 우선 전세가율이다. 2025년 7월 기준 전세가율은 서울 52.6%, 지방 광역시 69.8%다. KB부동산 데이터가 구체화된 게 2013년 4월부터이므로 이때부터 2025년 7월까지의 12년간을 중장기 평균으로 치면, 중장기 평균 전세가율은 서울 60.6%, 지방 광역시 70.6%다. 2025년 7월 기준 전세가율은 중장기 평균 대비 서울은 –8.0%p, 지방 광역시는 –0.8%p 낮은 상태이므로 지방 광역시 대비 서울의 버블이 커졌다고 볼 수 있다. 특히 강남3구의 중장기 평균 전세가율은 53.8%인데 반해 2025년 7월 전세가율은 41.4%로 중장기 평균 대비 –12.4%p나 낮은 상태다.

주택구입부담지수로 보면, 2025년 1분기 기준으로 해당 지역의 중간소득 가구가 해당 지역의 중간가격 아파트를 구입할 때 서울은 소득의 38.8%를, 지방 광역시는 소득의 13.9%를 주택담보대출 원리금 상환에 사용하는 수준이다. 중장기 평균(2004년 1분기~2025년 1분기)인 서울 32.9%, 지방 13.6%과 비교하면 2025년 1분기 주택구입부담지수는 각각 서울 1.18배, 지방 광역시 1.02배로 높은 상황이다. 주택구입부담지수상으로도 지방 광역시 대비 서울의 버블이 커진 상황인 셈이다.

GRDP도 살펴보자. GRDP란 일정 기간 특정 지역 내에서 새로 창출된 최종 생산물 가치의 합을 의미하며, 국가 단위에서는 GDP, 지역 단위에서는 GRDP로 이해할 수 있다. 즉, 해당 지역의 경제 규모를 나타내는 개념이다.

2018년부터 2023년까지 지역별 GRDP를 비교해봤다. 서울은 2018년 451.4조 원에서 2023년 547.6조 원으로 연평균 증가율은 3.9%였다. 경기(인천 포함)는 같은 기간 595.1조 원에서 710.4조 원으로 연평균 3.6% 증가했다. 반면 지방 광역시는 2018년 318.2조 원에서 2023년 383.0조 원으로 연평균 3.8% 증가율을 기록했다.

이에 따라 지방 광역시 GRDP를 수도권 GRDP로 나눈 비율(수도권 대비 지방 광역시 GRDP 비중)은 2018년 30.4%에서 2023년에도 30.4%로 변동이 없었다. 결론적으로, 지역별 경제 규모의 변화(펀더멘털)를 감안할 때 서울과 지방 광역시 간 집값 차이가 과도하게 벌어졌다고 할 수 있다.

마지막으로 향후 공급 규모를 살펴보자. 2022년부터 2024년

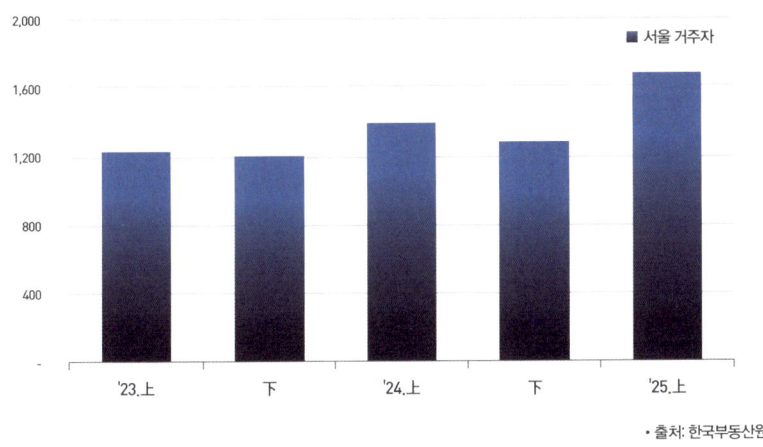

• 출처: 한국부동산원

까지의 착공 물량은 대략 3년 후인 2025년부터 2027년까지의 입주 물량으로 이어진다고 가정하고, 2019~2021년과 2022~2024년의 연평균 착공 물량을 비교했다. 서울의 연평균 착공 물량은 2019~2021년 4.6만 호에서 2022~2024년 3.0만 호로 -36% 감소한 반면, 지방 광역시는 같은 기간 1.7만 호에서 1.0만 호로 −42% 줄었다. 앞서 살펴봤듯이 지방 광역시 전세가율이 70%에 육박하는 상황에서 공급 감소폭이 커지고 있어, 전세가 상승이 매매가를 밀어 올리는 수준에 이르고 있다.

위에 있는 그래프는 서울에 거주하는 사람들 중에 지방 광역시 아파트를 매입한 사람의 반기별 숫자 추이를 나타낸 것이다. 2023년과 2024년에 걸쳐 반기 1,200~1,400명 사이를 오가던 서울 거주자 중 지방 광역시 아파트 매입자 수는 2025년 상반기에는 1,700여 명을 기록했다.

서울과 지방 광역시 간 매매가 격차가 역대 최대를 연일 경신하는 가운데, 특히 서울의 상급지는 과열 구간에 진입한 것으로 판단된다. 반면 지방 광역시의 밸류에이션은 매력적인 수준에 도달한 상태다. 이러한 상황이 반영돼 서울 거주자들의 지방 광역시 주택 매입이 점차 늘어나고 있는 것으로 보인다. 비록 미미하지만 변화의 흐름이 서서히 감지되기 시작한 것이다.

앞으로의 향방은 결국 펀더멘털 대비 저평가 상태에 진입한 지방 부동산이 규제 완화나 부양책 시행이라는 전기를 맞이할지에 달려 있다.

대구, 역대급 공급 절벽이 눈앞에

국토연구원 분석에 따르면 수도권은 '유동성', 지방은 '공급'이 매매가를 결정하는 주요 요소라고 앞서 밝힌 적이 있다. 조금 더 자세히 들어가면 수도권 매매가는 '주택담보대출'과 '금리'에 민감하며 지방 매매가는 '입주 물량'과 '전세가'에 민감하다.

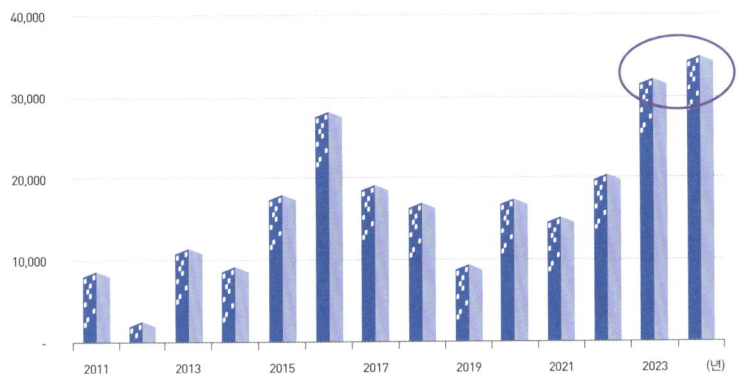

• 출처: 국토교통부

　실제 데이터를 보면 이런 경향이 뚜렷하게 드러난다. 2011년 1월 부터 2021년 12월까지 총 132개월 중, 매매가와 전세가가 같은 방향(동반 상승 혹은 동반 하락)으로 움직인 개월 수를 살펴보면, 서울은 100개월, 인천은 95개월에 그쳤다. 반면, 지방 광역시는 대구 126개월, 부산 121개월, 광주 119개월, 울산 111개월, 대전 108개월로 나타났다. 즉, 수도권보다 지방이 매매가와 전세가가 같은 방향으로 움직이는 경우가 훨씬 많았다는 이야기다.

　공급과 전세가가 밀접한 상관관계가 있다고 볼 수 있는데 전세가와 매매가가 같은 방향으로 움직이는 경우가 많다는 것은 지방의 경우 공급이 전세가를 넘어 매매가에도 미치는 영향이 크다는 결론으

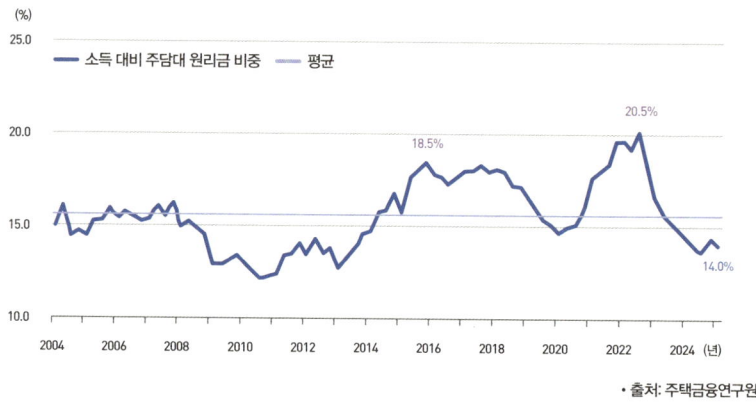

• 출처: 주택금융연구원

로 연결된다. 지방 시장을 분석할 때는 이러한 메커니즘을 이해하는 것이 중요하며, 이 공식에 가장 충실한 사례가 바로 '대구'다.

앞페이지의 그래프는 대구 아파트 연도별 입주 물량을 나타낸 것이다. 보다시피 2023년과 2024년에 각각 3.2만 호, 3.5만 호라는 역대급 입주 물량이 집중되면서 대구의 매매가와 전세가 모두 급락했다.

막대한 입주 물량이 몰린 2023~2024년 2년 동안 KB부동산 기준 대구의 매매가는 –12.9%, 전세가는 –15.9% 하락했으며 이는 주요 17개 시도 중에 가장 큰 하락폭이었다. 그만큼 과잉 공급의 파도가 컸던 셈이다. 그리고 많이 하락한 만큼 밸류에이션도 좋아졌다.

위의 그래프는 다음의 대구 주택구입부담지수를 쉽게 이해할 수 있도록 나타낸 것이다. 대구의 중간가격 주택을 대구의 중간소득 가

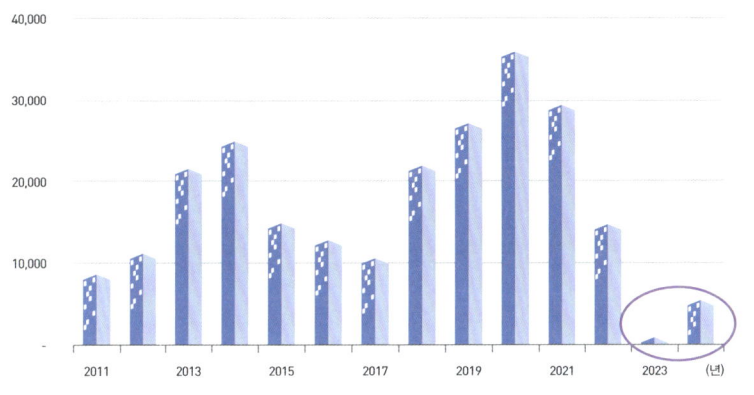

• 출처: 국토교통부

구가 표준대출을 받아 구입할 때 소득의 몇 %를 주택담보대출 원리금에 사용하는 수준인지를 나타낸 것이다.

대구는 중장기적으로 가구 소득의 15.6%를 주택담보대출 원리금에 사용하는 수준을 유지해왔다. 과거에는 소득의 18.5%(2015년 4분기), 20.2%(2022년 3분기)까지 상승한 적도 있었지만, 2025년 1분기 기준으로는 14.0% 수준까지 낮아진 상태다. 이는 2023~2024년의 과잉 공급으로 인한 매매가 급락에 따라, 대구 부동산이 역설적으로 매우 매력적인 밸류에이션 구간에 진입했음을 의미한다.

그렇다면 대구 부동산에 매매가와 전세가 모두 큰 폭의 하락을 초래한 공급 상황은 향후 어떻게 전개될까?

앞페이지의 그래프는 대구 아파트 연도별 착공 물량을 나타낸 것이다. 2023~2024년의 역대급 입주 물량은 2020년 3.6만 호, 2021년 2.9만 호라는 막대한 착공 물량에 기인한다. 그런데 그래프에서 보다시피 2023~2024년 착공 물량이 급감했음을 확인할 수 있다. 2020년 3.6만 호, 2021년 2.9만 호를 기록한 착공 물량이 2022년 1.5만 호에 이어 2023년 0.1만 호까지 급감한 것이다. 2024년 역시 0.5만 호에 불과할 뿐 아니라 2025년도 6월까지 0.1만호도 착공하지 못한 상황이다. 착공 후 약 3년이 지나 입주 물량으로 이어진다는 점을 감안하면, 2023~2025년 착공 물량의 급감은 2026~2028년 입주 절벽으로 나타날 것이다.

대구는 2023~2024년 과잉 공급에 따른 매매가 급락으로 매력적인 밸류에이션에 진입한 상태다. 그런데 2026~2028년 입주 물량 급감을 앞두고 있다. 지방 부동산이 공급에 민감하다는 점을 고려할 때, 대구는 과잉 공급으로 인한 매매가 하락 후 공급 절벽에 따른 매매가 급등을 경험할 가능성이 높아졌다. 실제로 2022년 11월 71.7%에서 2025년 4월 67.8%까지 29개월간 떨어졌던 대구 전세가율도 2025년 5월을 기점으로 조금씩 반등하기 시작했다. 현장도 꿈틀대기 시작한 것이다.

울산, 수급과 유동성의 쌍끌이 장세가 다가온다

울산도 완연한 상승장 전환이 예상된다. 수급과 유동성이 모두 울산의 상승을 견인할 것으로 보이기 때문이다. 우선 울산의 밸류에이션부터 살펴보자.

아래는 울산 주택구입부담지수를 쉽게 이해할 수 있도록 나타낸 그래프다. 울산의 중간가격 주택을 울산의 중간소득 가구가 표준대출을 받아 구입할 때 소득의 몇 %를 주택담보대출 원리금에 사용하는 수준인지를 나타낸 것이다.

울산은 중장기적으로 소득의 11.6%를 주택담보대출 원리금에 사용해왔으며, 과거에는 소득의 14.5%(2017년 2분기), 16.1%(2022년 3분기)를 사용한 적도 있었다. 2025년 1분기 기준으로는 11.7%

울산 주택구입부담지수

• 출처: 주택금융연구원

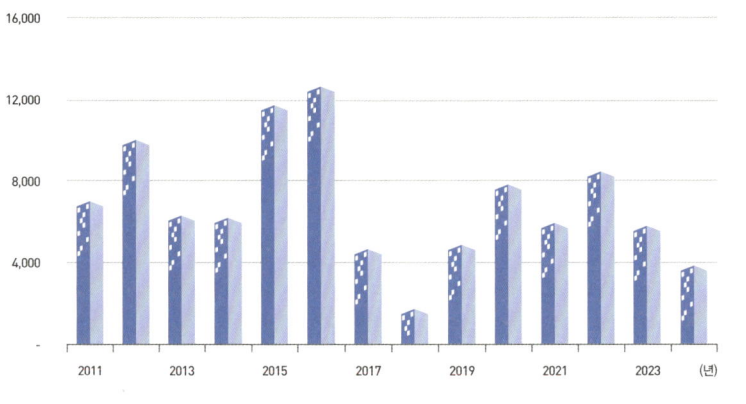

• 출처: 국토교통부

수준으로, 중장기 평균과 거의 비슷하다. 따라서 <u>울산 매매가에 버블이 있다고 보기는 어렵다.</u>

지방 부동산 전망에 중요한 공급도 살펴보자.

울산 아파트 연도별 착공 물량 그래프다. 2015~2016년에 상당히 많은 착공이 진행된 이후는 특별히 많은 착공은 이뤄지지 않고 있다. 2022년에 0.8만 호가 착공된 이래, 2023년 0.6만 호, 2024년 0.4만 호로 착공 물량이 감소하고 있다. 특히 2025년은 6월까지 겨우 0.1만 호만 착공한 상황이다.

울산의 매매가는 버블이 없는 수준의 밸류에이션을 보여주고 있으나, 공급은 지속적으로 감소하고 있다. 여기에 울산 부동산에 추가

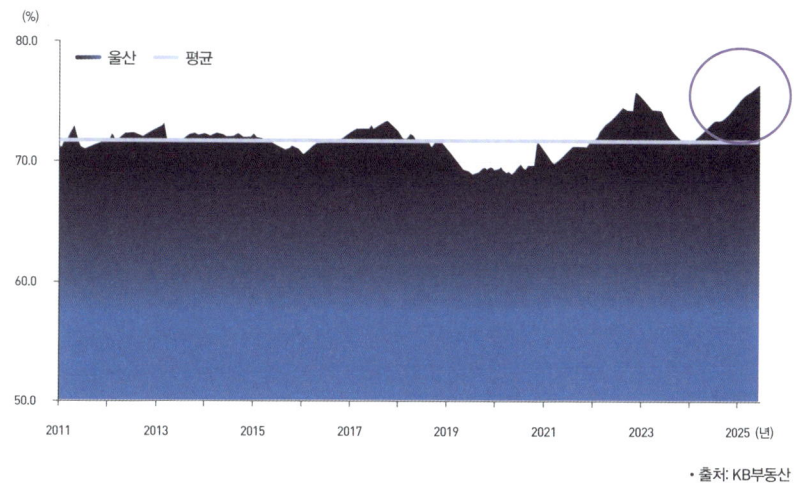

• 출처: KB부동산

로 상방 압력을 가할 두 가지 요인이 더 존재한다.

위는 울산의 전세가율 추이를 보여주는 그래프다. 그 상승 추세가 놀랍다. 2023년 12월(71.9%)을 저점으로 2025년 6월까지 꾸준히 상승하면서 76.5%까지 올라왔다. 그래프에서 볼 수 있듯이 최근 상승의 기울기가 상당히 가파르다. 참고로 76.5%라는 전세가율은 광역시 중 가장 높다. 향후 공급 감소가 예정된 상황에서 전세가가 계속해서 오를 것으로 가정한다면, 이 정도의 전세가율은 매매가를 충분히 밀어올릴 수 있는 수준이다.

게다가 KB부동산 자료에는 전세수급지수라는 데이터가 있는데 0~200 범위 이내에서 100을 초과할수록 '공급 부족' 비중이 높음을

지역	2017년	2018년	2019년	2020년	2021년	2022년	2023년
서울	30.5	30.4	30.7	30.3	29.7	29.3	29.1
경기	26.3	26.7	26.8	27.5	28.3	28.6	28.4
부산	6.6	6.4	6.3	6.2	5.8	5.8	5.7
인천	4.6	4.7	4.6	4.6	4.9	4.9	4.7
대구	5.1	5.0	4.7	4.7	4.5	4.4	4.2
경남	5.0	4.6	4.8	4.4	4.3	4.2	4.2
충남	2.7	2.7	2.7	2.7	2.9	2.9	3.2
경북	3.1	3.0	2.9	2.8	2.9	2.9	2.9
울산	2.2	2.0	2.0	1.9	1.8	1.9	2.9
대전	2.5	2.6	2.6	2.6	2.6	2.6	2.6
광주	2.2	2.3	2.3	2.4	2.4	2.3	2.3
충북	2.0	2.1	2.1	2.1	2.1	2.2	2.1
전북	2.0	2.0	2.1	2.1	2.1	2.1	2.1
전남	1.8	1.8	1.9	1.9	1.9	1.9	2.0
강원	1.8	1.8	1.8	1.8	1.8	1.9	1.8
제주	1.2	1.2	1.2	1.1	1.1	1.1	1.0
세종	0.5	0.6	0.7	0.8	0.9	0.9	0.9
수도권	61.4	61.8	62.1	62.4	62.9	62.9	62.2
5대 광역시	19.1	18.9	18.6	18.6	17.9	17.9	18.6
지방	19.5	19.3	19.3	18.9	19.1	19.2	19.2

• 단위: %   출처: 국세청

의미한다. 그런데 울산의 전세수급지수는 2025년 7월 기준 191.2
로 전국 주요 17개 시도 중에 가장 높다. 2위 충북 164.5, 3위 전북
161.4, 4위 광주 160.7에 비해 독보적으로 높은 셈인데 그만큼 울산
의 공급 부족이 심각하다는 것을 의미한다. 그런데 상승을 자극할 만

한 요소는 이뿐만이 아니다.

앞페이지의 표는 국세청 통계포털에서 확인한 상위 종합소득자의 지역별 비중(주거지 기준)을 연도별로 정리한 것이다. 울산의 증가폭이 특히 눈에 띈다. 2020년부터 2022년까지 전국 상위 0~10% 고소득자 중 울산 거주자는 전체의 1.9% 내외로, 전국 주요 시도 중 13~14위에 머물렀다.

그러나 2023년에는 이 비중이 단숨에 2.9%로 뛰어오르며 전국 주요 시도 중 9위까지 상승했다. 이는 오랫동안 침체에 빠져 있던 조선업의 부활이 울산 고소득자 수 증가를 견인한 결과로 추정된다. 실제로 2025년 1분기 기준, 울산에 본사를 둔 HD한국조선해양의 수주잔고는 무려 104조 원에 달하며, 최소 3년치 일감이 확보된 상태다.

여기에 더해, 미국 무역대표부가 중국산 선박에 입항 수수료 부과를 예고하면서 글로벌 해운업계가 한국 조선소로 발길을 돌리고 있고, LNG 운반선 수요 증가로 고부가가치 선박의 비중이 높아지는 것도 국내 조선업에는 분명한 호재다.

이처럼 매매가에 버블이 없는 안정적인 밸류에이션, 공급 감소, 높은 전세가율, 고소득자 유입 증가가 동시에 맞물리며, 울산 부동산의 미래는 상당히 긍정적이라 할 수 있다. 대구와 마찬가지로, 상승 탄력 또한 작지 않을 것으로 예상된다.

한 가지 변수는 대미 관세 이슈다. 2024년 연말부터 현대차 미국

조지아 공장이 본격 가동되며 현지 생산 차종이 확대된 탓에, 이 여파가 울산 현대자동차 공장에도 영향을 미치고 있다. 실제로 2025년 1~5월 울산 현대자동차 공장의 생산 대수는 전년 동기 대비 4.9% 감소했으며, 이에 따라 울산의 일평균 자동차 수출액도 11.1%나 감소했다.

울산은 2022~2023년 동안 GRDP 성장률 +12.7%를 기록하며 광역시 중에서는 단연 1위, 전국 17개 시도 전체에서도 3위를 차지할 정도로 강한 성장세를 보였다. 이러한 고성장의 중심에는 자동차와 조선업이 있었던 만큼, 자동차 공장의 생산 축소 추이는 향후 울산의 성장 동력에 영향을 줄 수 있는 중요한 변수다.

6장

—

정부 규제에도
오르는 곳 39

추천 단지를 고른 기준

추천 단지는 크게 세 가지 카테고리로 나눠 선정했다. 대상은 15억 원 이하 단지로 한정했다. 그 이유는 주택담보대출 한도가 6억 원으로 제한돼 있어, 상대적으로 15억 원 이상 단지보다 15억 원 이하 단지의 상승 탄력이 더 클 것으로 보았기 때문이다. 실제로 문재인 정부 시절 12·16 대책으로 15억 원 이상 주택 대출이 금지됐을 때도, 이후 1년간은 15억 원 이하 주택의 상승 폭이 더 컸다. 더불어 현재 상급지와 중급지의 가격 차이가 크게 벌어져 있어, 이 격차가 다시 좁혀지기 전까지는 상급지가 당분간 상승세를 지속하기 어렵다고 판단했다.

추천 단지의 첫 번째 카테고리는 '서울 직주근접'이다. 직주근접은 현재도 중요한 요소지만, 앞으로는 그 중요성이 더욱 커질 것으로 보인다. 그 이유는 바로 여학생의 학력 향상이다. 대학 진학률에서 여학생이 남학생을 추월한 해는 2009년이며, 2011년부터 현재까지는 약 5~6%p 차이로 여학생의 대학 진학률이 남학생을 웃돌고 있다. 마침 20대 고용률에서도 여성이 남성을 앞서기 시작한 시점이 2011년이다. 이후 격차가 점차 벌어지더니, 2018년부터는 20대 여성의 고용률이 20대 남성보다 약 4~5%p 높게 나타나고 있다. 결국 학력 역전이 고용률 역전으로 이어지고 있다고 볼 수 있다.

여학생의 학력 향상과 여성 고용률 증가로 인해, 결혼 이후에도 맞벌이 가구의 비중은 높아질 수밖에 없다. 맞벌이 비중이 높아지면서 직장과 가까운 주거지의 인기는 나날이 늘고 있다. 한 가구에 직장인이 한 명만 있는 경우보다 두 명인 경우가 많아질수록, 자연스럽게 직장 인근 주거지가 선호되는 것은 당연한 일이다. 이런 측면에서 볼 때, 부동산 입지의 제1 기준은 '직주근접'이어야 한다고 생각한다.

'서울 직주근접' 추천 단지는 내가 매년 작성하는 '출근 시간대 하차 인원 역 순위'에서 착안했다. 출근 시간대 하차 인원이 많다는 것은 그 주변에 직장이 밀집해 있다는 의미이며, 해당 역에 대한 접근성이 좋은 단지는 직주근접 경쟁력이 뛰어나다고 볼 수 있다.

2024년 기준 서울에서 출근 시간대 하차 인원이 많은 상위 20개

역은 다음과 같다. 가산디지털단지역, 서울역, 선릉역, 여의도역, 역삼역, 강남역, 시청역, 삼성역, 을지로입구역, 잠실역, 종각역, 광화문역, 성수역, 고속터미널역, 양재역, 을지로3가역, 교대역, 구로디지털단지역, 공덕역, 홍대입구역 순이다.

이 20개 역과 각 역에서 두 정거장 이내에 위치한 역들, 총 100여개 역을 선정한 뒤, 해당 역세권 단지 중 국평(국민 평형, 84㎡ 기준) 15억 원 이하 단지를 추려 '서울 직주근접' 추천 단지로 삼았다.

두 번째 카테고리는 '경기 직주근접'이다. 앞서 경기도의 전세가율이 중장기 평균보다 높은 66%대임을 근거로, 매매가 상승 가능성이 크다고 판단했다. 그 안에서도 직주근접성이 뛰어난 단지를 골랐다.

경기도는 지하철망이 전 지역에 고르게 깔려 있지 않기 때문에, 상용근로자의 절대 규모와 증가 추이를 기준으로 삼았다. 상용근로자란 4대 보험이 적용되는 근로자를 의미하며, 상대적으로 양질의 일자리에 종사하는 인력을 뜻한다. 상용근로자가 많거나 증가세가 가파른 지역은 직주근접 경쟁력이 높은 곳이라고 볼 수 있다.

이 기준에 따라, 경기도에서 상용근로자가 많은 상위 지역은 수원시, 화성시, 용인시, 고양시, 성남시 순이었다. 2021~2024년 사이 상용근로자 증가 폭이 컸던 지역은 양주시, 과천시, 평택시, 하남시, 화성시, 안성시, 김포시, 의정부시 순이었다.

이들 지역의 15억 원 이하 단지 중 최고가 단지(일부 지역은 9억 원 이하 단지의 최고가 단지 포함)를 추천 단지로 삼았다. 다만 가급적 주상복합은 제외했으며, 과천은 국평 15억 원 이하 단지를 찾기 어려워 대상에서 제외했다.

세 번째 카테고리는 지방 광역시 중 상승폭이 두드러질 것으로 보이는 대구와 울산이다. 대구는 출근 시간대 하차 인원 1~3위에 해당하는 반월당역, 동대구역, 중앙로역 역세권 단지를 추천 단지로 선정했다. 울산은 상용근로자 수가 가장 많은 남구와 북구, 그리고 상용근로자 증가폭이 가장 높은 울주군과 동구에서 최고가 단지를 추천 단지로 선정했다.

참고로 각 단지의 매매 및 전세 시세는 2025년 8월 8일 기준 KB부동산 시세를 참고했으며, 환금성을 고려해 500세대 이상 단지만을 대상으로 했다. 이제, 선정된 단지들을 살펴보자.

서울 직주근접

철산역 롯데캐슬앤SKVIEW클래스티지는 이름 그대로 7호선 철산역 역세권 단지다. 가산디지털단지역은 5년 연속 서울 출근 시간대

철산역 롯데캐슬앤SKVIEW클래스티지

세대수	입주연월	매매 시세(만 원)	전세 시세(만 원)	용적률
1,313	2022년 3월	138,500	76,500	265%

• 전용 84.93㎡(A) 기준

하차 인원이 가장 많은 곳이다. 철산역은 가산디지털단지역까지 단한 정거장 만에 도달할 수 있는 역으로, 그만큼 직주근접 경쟁력이 뛰어나다. 특히 이 아파트는 현재 철산역 역세권 내에서 가장 신축 단지다.

중학교(광명중)와 고등학교(광명고)를 단지 안에 품고 있으며, 단지 바로 앞에는 광명시청, 한국전력공사 광명지사, 법원이 위치해 있어 관공서 관련 주거 수요를 기대할 수 있다. 또한 다양한 생활 편의 시설이 모여 있는 로데오거리가 철산역 맞은편에 자리하고 있다.

한 가지 문제는 주변에 여전히 신축 대단지 입주가 대기하고 있다는 점이다. 2024년 12월 트리우스 광명(3,344세대), 2025년 5월 철산 자이더헤리티지(3,804세대)가 입주한 데 이어, 같은 해 11월 광명 센트럴아이파크(1,957세대), 12월 광명 자이더샵포레나(3,585세대), 2026년 1월 철산 자이브리에르(1,490세대)가 순차적으로 입주할 예정이다. 아무리 철산역 인근 직주근접 수요가 많다 하더라도, 이 물량을 단기간에 소화하기는 쉽지 않다. 단기간 입주 물량 집중에 따른 가격 출렁임은 불가피할 것으로 보인다. 그러나 이는 철산역 롯데캐슬앤SKVIEW클래스티지 매수를 노리는 대기 수요자에게는 오히려 기회가 될 수 있다. 2026년 이후 수도권 아파트 공급 감소를 고려하면, 철산역 주변 입주 물량이 집중돼 시장이 흔들릴 때를 매수 시점으로 삼는 역발상 전략이 필요하다.

광명 한진타운

세대수	입주연월	매매 시세(만 원)	전세 시세(만 원)	용적률
1,633	1997년 6월	73,500	44,500	323%

• 전용 84.95㎡ 기준

광명 한진타운은 가산디지털단지역까지 두 정거장이면 도달할 수 있는 7호선 광명사거리역 역세권 대단지다. 초등학교(광명남초)도 대로 하나만 건너면 바로 갈 수 있는 위치에 있다.

입주한 지 28년이 지난 단지이지만, 지하주차장을 갖추고 있다. 대로 맞은편에 위치한 광명11구역이 힐스테이트 대단지로 재탄생하면 주변 환경 개선에 따른 업그레이드 효과도 기대된다.

다만, 재건축 연한이 도래했으나 용적률을 고려할 때 재건축 여건이 쉽지 않다는 점, 한 정거장 떨어진 철산역 일대에 신축 아파트가 연이어 공급되는 점은 수급 측면에서 부담으로 다가와 단점으로 꼽

신도림 대림2차

세대수	입주연월	매매 시세(만 원)	전세 시세(만 원)	용적률
1,242	2001년 11월	117,000	63,000	316%

• 전용 84.95㎡ 기준

힌다.

신도림 대림2차는 가산디지털단지역까지 한 정거장 만에 갈 수 있는 1호선 구로역 역세권 단지다. 초등학교(신미림초)를 품은 초품아 단지이며, 다양한 인프라를 갖춘 디큐브시티와 신도림 테크노마트가 700m 이내에 있어 걸어서 갈 수 있다.

입주한 지 24년 된 구축 단지이지만 관리가 잘 돼 있으며, 특히 관리사무소 건물 내 헬스장과 독서실이 있어 사실상 커뮤니티센터 역할도 하고 있다. 단지 내 어린이집이 여러 곳 있고, 주변 상권도 충실하여 생활 편의성이 높다. 다만, 단지 주변 1호선이 지상철이라는 점과 용적률이 높아 재건축 여건이 좋지 않은 점은 아쉬운 부분으로 꼽힌다.

신도림 태영타운은 가산디지털단지역까지 1호선으로 단 두 정거장 거리의 신도림역 역세권 단지다. 입주한 지 25년 된 단지로 재건축 연한이 도래했으나, 용적률이 높아 사업성 확보는 어렵다. 그럼에도 실거주 가치가 매우 높은 단지로 평가된다.

단지 내에 초등학교(미래초)가 있으며, 디큐브시티와 신도림 테크노마트가 사실상 단지 바로 옆에 있어 이용이 편리하다. 또한 1호선과 2호선이 만나는 신도림역 역세권 단지라는 본질적 가치가 있으

신도림 태영타운

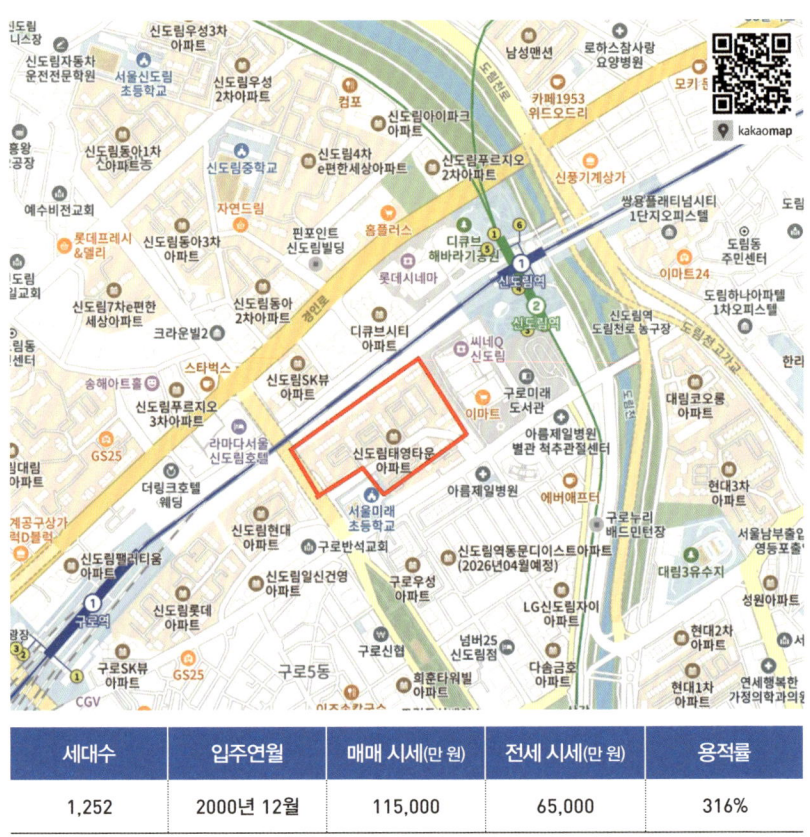

세대수	입주연월	매매 시세(만 원)	전세 시세(만 원)	용적률
1,252	2000년 12월	115,000	65,000	316%

• 전용 84,87㎡ 기준

며, 출근 시간대 하차 인원 1위인 가산디지털단지역과는 두 정거장,
18위인 구로디지털단지역과도 두 정거장 떨어져 있어 직주근접 수
요 확보가 용이하다. 다만, 단지 주변이 지상철이라는 점은 단점으로

꼽힌다.

삼성래미안은 가산디지털단지역까지 7호선으로 단 한 정거장 거리에 위치한 남구로역 역세권 단지다. 단지 내 평지가 많고 조경도

삼성래미안(남구로)

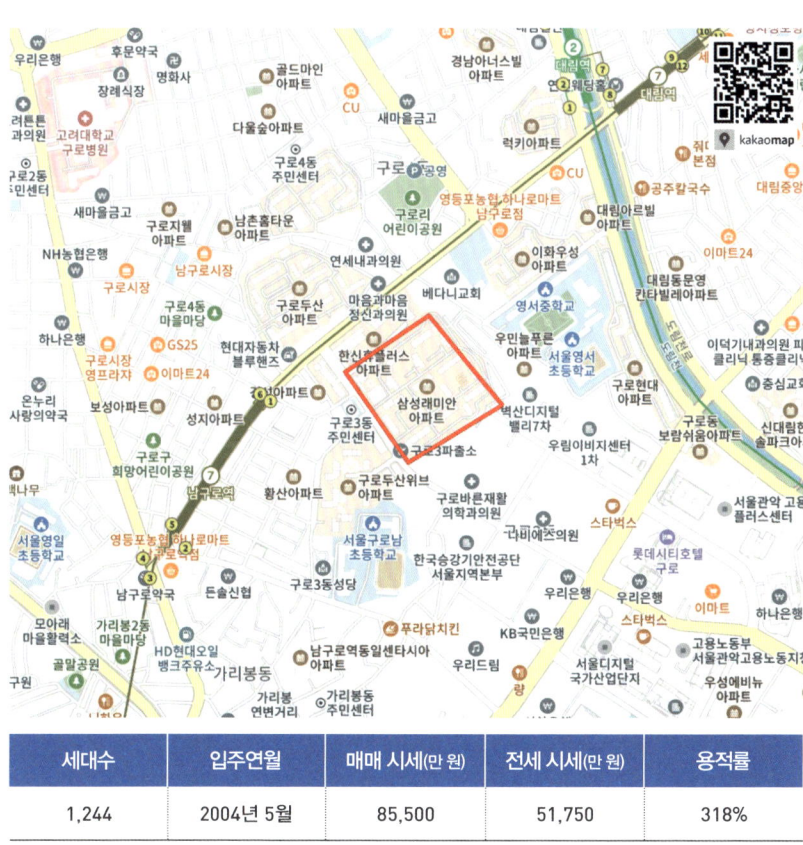

세대수	입주연월	매매 시세(만 원)	전세 시세(만 원)	용적률
1,244	2004년 5월	85,500	51,750	318%

• 전용 78.66㎡ 기준

금천 롯데캐슬골드파크3차

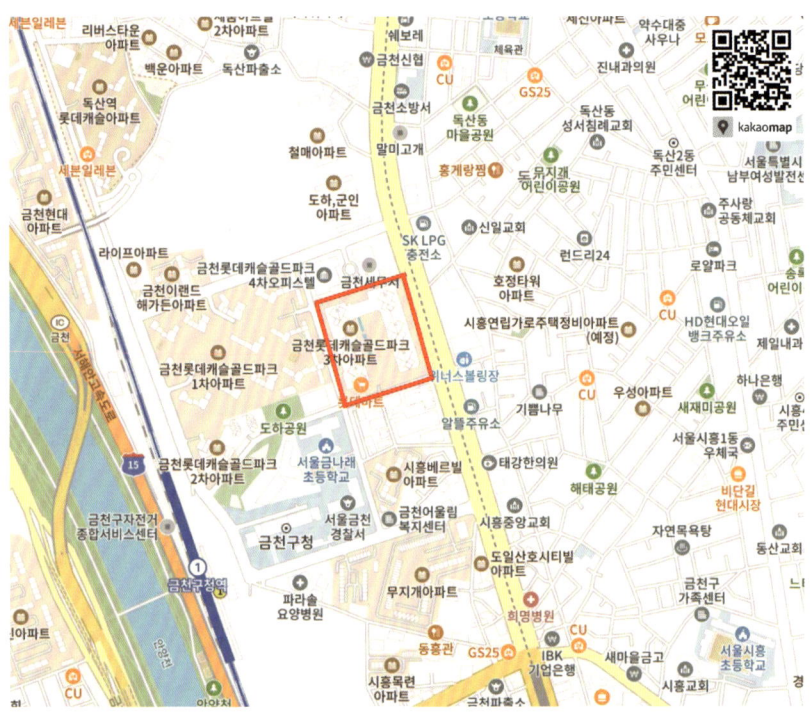

세대수	입주연월	매매 시세(만 원)	전세 시세(만 원)	용적률
1,236	2018년 10월	122,500	69,000	499%

• 전용 84.40㎡ 기준

비교적 잘 꾸며져 있으며, 동쪽에 위치한 성락아파트만 지나면 초등학교(영서초)와 중학교(영서중)가 자리하고 있다.

마트와 시장, 병원이 모두 가까워 실거주 가치가 높다는 평가가 많지만, 학군이 다소 아쉬워 자녀가 성장하면 전출하는 경우가 잦다.

금천 롯데캐슬골드파크3차는 가산디지털단지역까지 1호선으로 단 두 정거장 거리에 있는 금천구청역 역세권 단지다. 인접한 롯데캐슬골드파크1·2차와 맞붙어 있어 총 3,000여 세대 규모의 대단지를 이루며, 금천구를 대표하는 랜드마크 단지로 꼽힌다.

단지 바로 앞에는 초등학교(금나래초)와 금천구청, 금천경찰서가 위치해 있고, 롯데마트가 단지 지하에 있어 악천후에도 편리하게 쇼핑할 수 있다. 또한 단지 앞에 위치한 금나래문화체육센터에는 체육관, 수영장, 헬스장 등이 갖춰져 있어 주민들이 편리하게 이용할 수 있다.

여기에 단지에서 약 600m 떨어진 시흥사거리에 신안산선 시흥사거리역이 개통될 예정으로, 개통 시 여의도 접근성이 크게 개선돼 직주근접 경쟁력이 한층 강화될 것으로 기대된다.

DMC 파크뷰자이는 출근 시간대 하차 인원 2위인 서울역까지 두 정거장, 20위인 홍대입구역까지는 단 한 정거장 거리에 있는 경의중앙선 가좌역 역세권 단지이자, 가재울 뉴타운의 대장주 단지다. 준신축임에도 용적률과 건폐율이 낮아 쾌적한 주거 환경을 자랑한다.

단지가 워낙 커서 1~5단지로 나뉘는데, 그중에서도 초등학교(가

세대수	입주연월	매매 시세(만 원)	전세 시세(만 원)	용적률
4,300	2015년 10월	137,667	73,667	233%

• 전용 84.97㎡(F-1) 기준

재울초)가 단지 안에 있는 1단지의 선호도가 가장 높다. 맞은편에 금호리첸시아 상가몰이 위치해 상권이 잘 갖춰져 있는 것도 1단지의 장점이다. 1단지 커뮤니티센터에는 수영장이 있고, 2단지에는 넓은 중앙근린공원과 울창한 녹지가 있어 숲세권에 버금가는 환경을 누릴 수 있다.

또한 가좌역 주변에는 서울 주요 지역으로 향하는 버스 노선이 다양하게 갖춰져 있어 교통 편의성도 뛰어나다.

DMC SKVIEW는 출근 시간대 하차 인원 19위인 공덕역까지 두 정거장, 20위인 홍대입구역까지는 단 한 정거장 거리에 위치한 6호선·경의중앙선·공항철도 디지털미디어시티역 역세권 단지다. 해당 역세권에서는 DMC 센트럴자이가 대장주이지만, 전용면적 84㎡ 시세가 15억 원을 넘어 추천 단지에서는 제외했다.

그럼에도 3개 노선이 교차하는 디지털미디어시티역 역세권이라는 점만으로도 DMC SKVIEW의 가치는 크다. 게다가 신축이며, 단지 뒤편에 산이 있어 녹지가 풍부하다.

수색역세권 개발은 서울시·한국철도공사·국가철도공단이 추진하는 사업으로, 디지털미디어시티역·수색역·수색차량사업소를 지하화하고 그 위에 대규모 오피스와 각종 인프라를 조성하는 계획이다. 이는 DMC SKVIEW에도 큰 호재지만, 차량기지 이전 합의가 원활하지 않아 사업 진행 시점은 불확실하다.

또한 초품아가 아니라는 점과 주변에 아파트 단지는 많지만 학원가 조성이 미비한 점은 아쉬운 요소다.

세대수	입주연월	매매 시세(만 원)	전세 시세(만 원)	용적률
753	2021년 11월	140,000	74,000	295%

· 전용 84.99㎡(A) 기준

경남아너스빌은 출근 시간대 하차 인원 4위인 여의도역까지 단 두 정거장, 2호선 영등포구청역과도 가까운 5호선 영등포시장역 역세권 단지다. 영등포시장역 역세권에서는 아크로타워스퀘어가 대장주

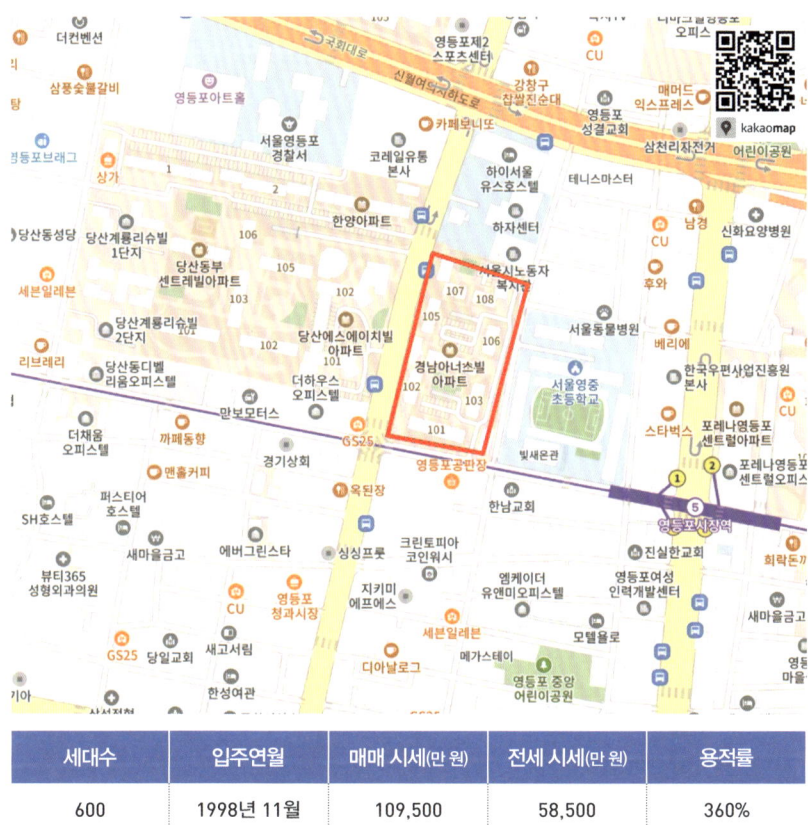

세대수	입주연월	매매 시세(만 원)	전세 시세(만 원)	용적률
600	1998년 11월	109,500	58,500	360%

• 전용 84.93㎡(B) 기준

지만, 그 다음으로 역에 가깝고 500세대 이상 규모를 갖춘 단지가 바로 경남아너스빌이다.

단지 바로 옆에는 영중초등학교가 있어 초품아 입지를 갖췄다.

117

1998년 입주한 구축이지만, 지하주차장이 아파트와 연결돼 있고 관리 상태도 양호하다.

또한 단지에서 1km 이내에 신세계 타임스퀘어점과 이마트 영등포점이 위치해 있으며, 주변에 청과물시장과 전통시장도 있어 쇼핑 여건이 뛰어나다. 단지 인근 영등포경찰서 사거리를 지나면 영등포 제2스포츠센터가 자리해, 구축 단지의 한계인 커뮤니티센터 부재를 상당 부분 보완해준다.

돈의문 센트레빌은 출근 시간대 하차 인원 12위인 광화문역까지 단 한 정거장 거리에 있는 5호선 서대문역 역세권 단지다. 단지를 중심으로 감리교신학대학교와 경기대학교 서울캠퍼스가 둘러싸고 있는 독특한 입지를 갖췄다.

교육 환경도 우수하다. 인창중·인창고가 사실상 단지와 맞닿아 있고, 금화초등학교와 동명여중도 인근에 위치해 있어 학령기 자녀를 둔 가구에 적합하다.

세대수 대비 커뮤니티 시설도 충실한 편이다. 지하 1~4층에 어린이놀이방, 독서실, 헬스클럽, 골프클럽, 노래방 등 다양한 시설이 마련돼 있다. 다만 단지 내 경사가 있고, 상가가 없는 점은 단점이다. 또한 대로 건너편 경희궁자이와는 전용 84m² 기준 약 10억 원의 시세 차이가 나는데, 위치가 인접한 점을 고려하면 다소 큰 격차라는 인상

돈의문 센트레빌

세대수	입주연월	매매 시세(만 원)	전세 시세(만 원)	용적률
561	2011년 4월	148,000	83,000	188%

• 전용 84.99㎡(B) 기준

을 준다.

힐스테이트 청계는 출근 시간대 하차 인원 13위인 성수역까지 단

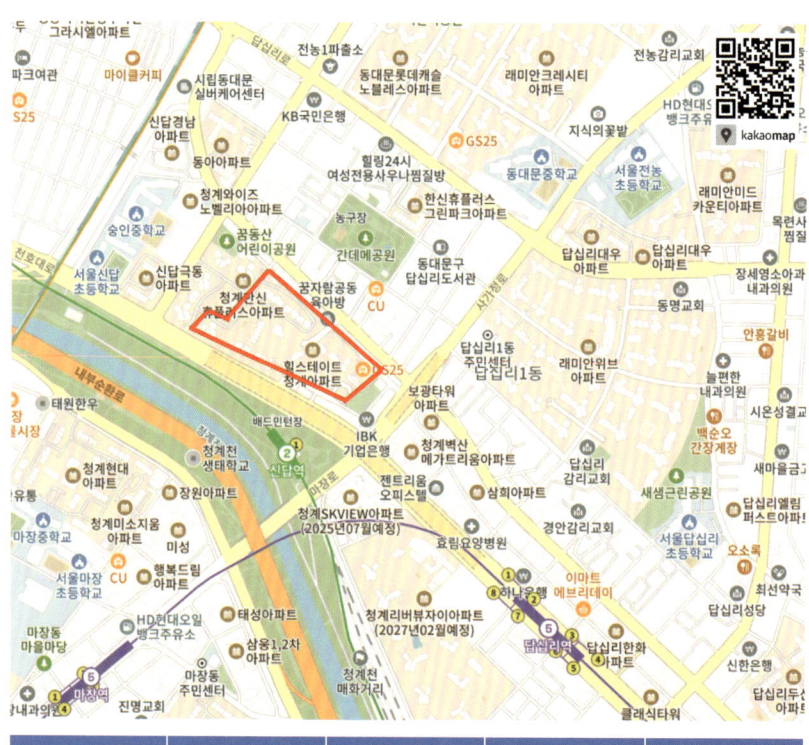

세대수	입주연월	매매 시세(만 원)	전세 시세(만 원)	용적률
764	2018년 11월	136,000	72,000	299%

• 전용 84.85㎡(A) 기준

두 정거장 거리에 있는 2호선 신답역 초역세권 단지다. 서울 지하철 노선 중 가치가 높은 2호선 초역세권에 위치한 준신축 단지임에도, 현재 시세를 고려하면 매력적인 가격대다. 여기에 5호선 답십리역 준역세권 입지까지 갖춰 강남, 광화문, 을지로 등 주요 업무지구로의 출근 여건이 우수하다.

교육 여건도 나쁘지 않다. 신답초등학교와 숭인중학교가 가까우며, 단지 남쪽으로 청계천이 흐르고 있어 쾌적한 주거 환경을 제공한다. 단지 중앙에는 대형 지하 커뮤니티센터가 자리해 모든 동에서 접근성이 좋다. 다만 주변 환경이 아직 완전히 정비되지 않은 점은 아쉽다.

힐스테이트 뉴포레는 출근 시간대 하차 인원 18위인 구로디지털단지역 역세권 단지다. 지금까지 언급한 출근 시간대 하차 인원 1~20위 역에 두 정거장 내 접근 가능한 단지와 달리, 이 단지는 직접 역세권이다.

서울에서 인기 있는 2호선 역세권이고, 거기에 신안산선 초역세권이 된다는 호재가 있다. 힐스테이트 뉴포레와 2호선 구로디지털단지역 사이에 신안산선 구로디지털단지역이 들어설 예정이어서 기존 입지 장점에 여의도 접근성이 추가된다.

하지만 과거 재건축 사업이 좌초되면서 SH공사 주도로 용적률을 높이는 대신 임대주택 비율이 4분의 1 수준으로 늘어난 점, 중·고등학교가 단지에서 먼 점, 주변 학원가가 없는 점은 단점으로 고려해야 한다.

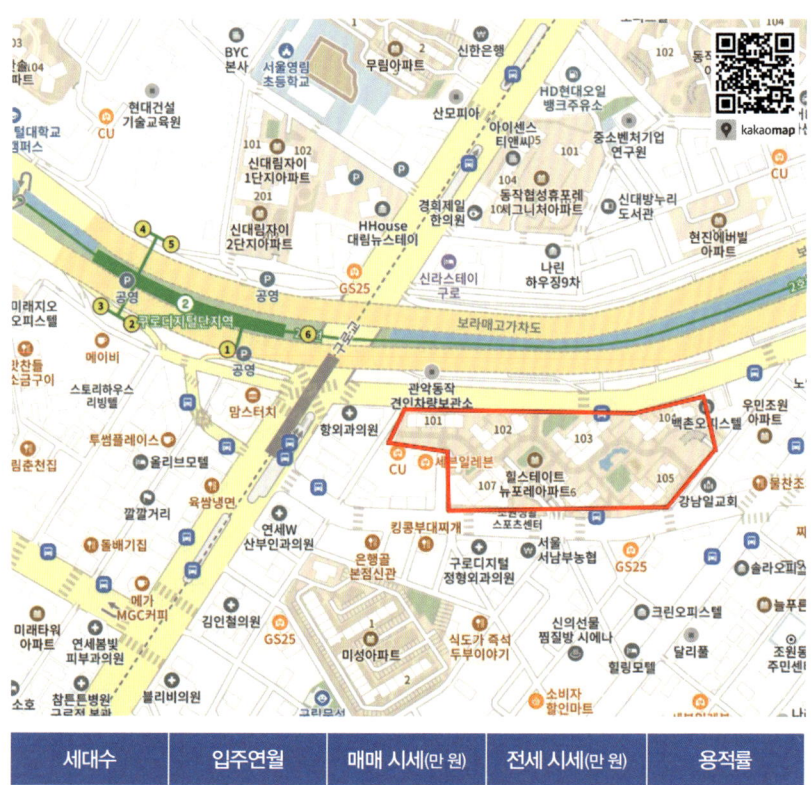

세대수	입주연월	매매 시세(만 원)	전세 시세(만 원)	용적률
1,143	2022년 8월	111,500	65,500	405%

• 전용 59.99㎡ 기준

동작상떼빌은 구로디지털단지역까지 단 한 정거장 거리에 있는 2
호선 신대방역 역세권 단지다. 구로디지털단지역까지는 도보 이동
도 가능하다.

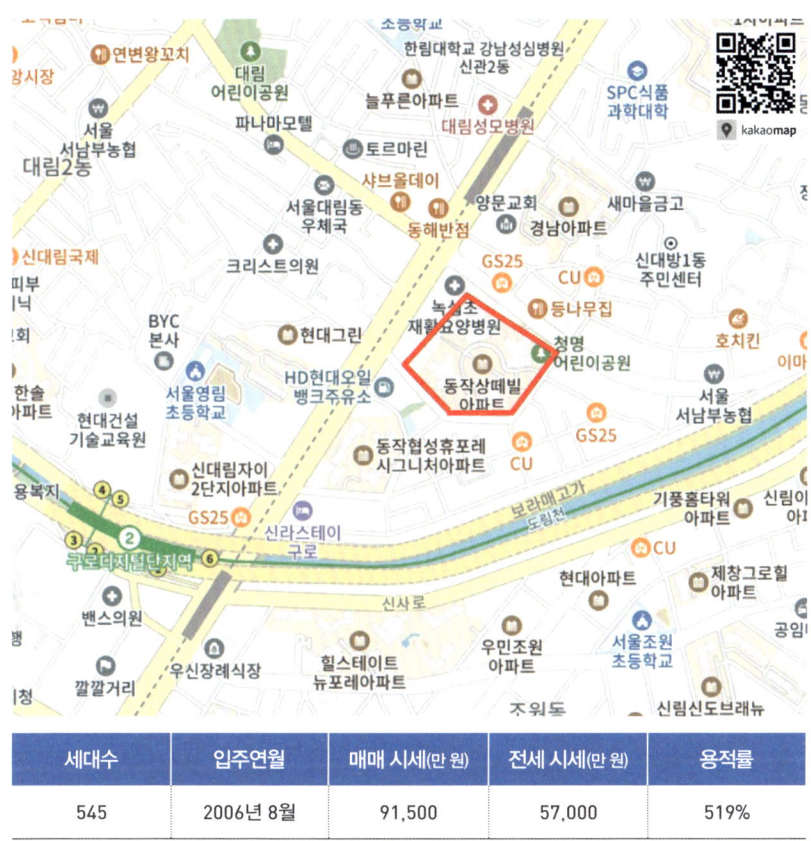

세대수	입주연월	매매 시세(만 원)	전세 시세(만 원)	용적률
545	2006년 8월	91,500	57,000	519%

• 전용 84.98㎡ 기준

이 단지에는 힐스테이트 뉴포레와 유사한 호재가 있다. 단지 인근
에 신안산선 대림삼거리역이 신설될 예정인데, 신대방역보다 더 가
깝다. 개통 시 여의도 접근성이 크게 향상되며 직주근접 경쟁력이 강

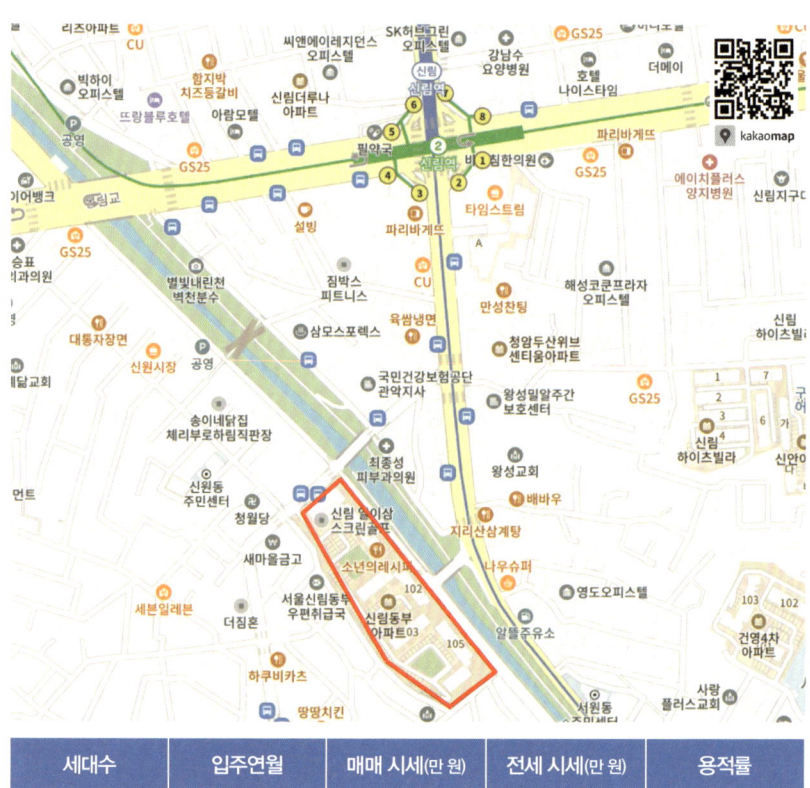

세대수	입주연월	매매 시세(만 원)	전세 시세(만 원)	용적률
592	1993년 7월	90,000	51,000	301%

• 전용 84.95㎡ 기준

화될 전망이다.

　주상복합 단지답게 특화된 장점도 많다. 구축임에도 넓은 주차 공간(세대당 두 대 이상)을 확보했고, 단지 내 상가에는 영화관까지 갖쳤다. 또한 신대방역 역세권 일대 재개발이 진행되면 주변 환경 개선 효과도 기대된다.

다만 영림초등학교를 가려면 대로를 건너야 하고, 중·고등학교와의 거리가 다소 멀어 학령기 자녀가 있는 가정에는 아쉬움이 있다.

신림 동부는 구로디지털단지역까지 두 정거장 만에 갈 수 있는 2호선 신림역 역세권 단지다. 신림역과의 사이에 도림천이 흐르고 있어 약간 거리가 있어 보이지만, 실제 거리는 500m 이내로 역세권 범주에 속한다.

신림역에서 단지로 오는 길에는 파리바게뜨, 올리브영, 배스킨라빈스 등 체인점이 즐비하며, 단지 바로 앞에는 관악종합시장이 위치한다. 도림천이 흐르는 쾌적한 환경과 모든 동의 남향 배치도 장점이다.

다만 재건축 연한이 도래했음에도 높은 용적률로 인해 정비사업 추진이 쉽지 않고, 주변 환경이 다소 미정비 상태이며 초·중·고등학교와의 거리가 먼 편이라는 점은 고려해야 한다.

신촌 태영데시앙은 출근 시간대 하차 인원 19위인 공덕역까지 한 정거장, 20위인 홍대입구역까지도 한 정거장 만에 도달할 수 있는 경의중앙선 서강대역 역세권 단지다. 서강대역이 더 가깝지만, 홍대입구역까지도 걸어서 갈 수 있는 거리다.

세대수	입주연월	매매 시세(만 원)	전세 시세(만 원)	용적률
553	2003년 11월	125,000	68,000	281%

• 전용 84,97㎡ 기준

　단지 전 세대가 전용 84.97㎡로 구성된 것이 특징이며, 인근에 세 브란스병원과 현대백화점 신촌점이 위치해 대형 병원·쇼핑시설 접 근성이 우수하다.

다만 초등학교까지의 거리가 멀고, 통학 시 홍대 상권을 지나야 하는 점, 그리고 단지 내외의 경사가 있는 점은 아쉽다.

경기 직주근접

수원은 경기도에서 상용근로자가 가장 많은 도시로, 양질의 직장을 가진 근로자 거주 비중이 높다. 이 중 국평 15억 원 이하 단지 가운데 시세가 15억 원에 가장 근접한 곳이 광교 센트럴뷰다.

이 단지는 신분당선 광교중앙역 준역세권이며, 대로 하나 건너면 경기도청이 위치해 있다. 경기도청 인근에는 경기도 교육청, 경기주

광교 센트럴뷰(수원)

세대수	입주연월	매매 시세(만 원)	전세 시세(만 원)	용적률
701	2013년 11월	128,000	67,000	183%

• 전용 84.81㎡(E) 기준

택도시공사, 한국은행 경기본부 등이 자리해 있어, 공공기관 종사자 주거 수요를 기대할 수 있다.

주변 환경도 쾌적하다. 단지 옆으로 여천이 흐르고, 도보권에 광교 호수공원이 있어 여가 생활이 편리하다. 또한 한 블록만 이동하면 엘 포트몰, 갤러리아 백화점 광교점, 롯데몰 광교점이 위치해 쇼핑 환경 도 우수하다.

입주 12년 차임에도 불구하고 낮은 용적률(183%)과 건폐율 (16%) 덕분에 거주 만족도가 높다.

수원에서 국평 9억 원 이하 단지 가운데 시세가 9억 원에 가장 근 접한 곳은 수원 센트럴아이파크자이다. 이 단지는 분당선 매교역 준 역세권이며, 경기도에서도 손에 꼽히는 대규모 단지로, 조경이 수려 해 2023년 굿디자인어워드 동상을 수상하기도 했다.

주변 학군과 인프라도 뛰어나다. 단지 인근에는 초등학교 두 곳(매 교초·인계초), 중학교 한 곳(수원중), 고등학교 두 곳(수원고·수원 공고)이 있으며, 수원시청과 KBS 수원센터도 가까워 생활 편의성이 높다. 또한 삼성전자 수원사업장과도 가까워, 삼성전자 직원 등 양질 의 수요층에도 어필할 수 있다.

단지 주변은 2022~2023년에 입주한 신축 대단지들로 둘러싸여 있으며, 이후 수원성 중흥S클래스(1,154세대), 팰루시드(2,178세

수원 센트럴아이파크자이(수원)

세대수	입주연월	매매 시세(만 원)	전세 시세(만 원)	용적률
3,432	2024년 10월	86,500	50,000	244%

• 전용 84.99㎡(A) 기준

대, 권선6구역 재개발)가 2026년 입주를 앞두고 있다. 이 단지들의
입주가 끝나면 당분간 공급이 없다는 점도 호재로 작용할 전망이다.

동탄역 시범더샵센트럴시티(화성)

세대수	입주연월	매매 시세(만 원)	전세 시세(만 원)	용적률
874	2015년 8월	125,000	52,500	209%

· 전용 84.39㎡(B) 기준

동탄역 시범더샵센트럴시티는 경기도에서 두 번째로 상용근로자
가 많은 화성시에서 국평 15억 원 이하 단지 중 시세가 15억 원에 가
장 근접한 곳이다. 이 단지는 동탄역 롯데캐슬이 입주하기 전까지 동

탄신도시 대장주였으며, 입지적으로도 강점을 지니고 있다. 동탄역 롯데캐슬은 GTX-A와 SRT가 지나는 동탄역, 롯데백화점 동탄점과 지하로 연결돼 있지만, 시범더샵센트럴시티 역시 대로 하나만 건너면 동탄역 및 주변 인프라를 모두 이용할 수 있다.

특히, 시범더샵센트럴시티는 학교(청계초·청계중)가 바로 단지 앞에 있어 실거주 환경에서 경쟁력이 높다. 현재 GTX-A는 삼성역 구간이 개통되지 않은 상태로, 일부 활용에 제한이 있지만, 2028년 삼성역 개통 시 활용도가 더욱 확대될 전망이므로 장기적인 호재도 남아 있다.

다만, 전세가율이 40% 초반대로 서울 강남권과 큰 차이가 없어, 투자 펀더멘털 측면에서는 다소 부담이 될 수 있다.

동탄 레이크자연앤푸르지오는 경기도에서 두 번째로 상용근로자가 많은 화성시에서 국평 9억 원 이하 단지 중 시세가 9억 원에 가장 근접한 곳이다.

단지 이름 그대로 동탄 호수공원 바로 앞에 위치해 있으며, 일부 동호수에서는 수려한 전망을 자랑한다. 단지 바로 옆에는 초등학교(호연초)가 위치하며, 단지 인근에 중학교와 고등학교가 각각 2027년과 2026년에 개교 예정이어서 학령기 자녀를 둔 가정에도 적합하다.

또한 낮은 용적률(174%)과 건폐율(12%)로 인해 호수공원과 어

동탄 레이크자연앤푸르지오(화성)

세대수	입주연월	매매 시세(만 원)	전세 시세(만 원)	용적률
704	2020년 2월	86,500	48,000	174%

• 전용 84.79㎡(A) 기준

우러진 단지의 쾌적함이 돋보인다. 인근에 트램역이 신설될 예정인 점도 장점이다. 트램역이 들어서면 동탄역까지 접근성이 개선돼 서울로의 이동도 빨라지므로, 실거주 가치뿐만 아니라 직주근접 경쟁

세대수	입주연월	매매 시세(만 원)	전세 시세(만 원)	용적률
1,035	2012년 7월	134,000	69,000	165%

• 전용 84.93㎡(A) 기준

력도 강화된다.

광교 자이더클래스는 경기도에서 세 번째로 상용근로자가 많은 용인시에서, 국평 15억 원 이하 단지 중 시세가 15억 원에 가장 근접한 곳이다.

지도에서 보듯 신분당선 상현역 초역세권에 위치하며, 판교역까지 22분, 강남역까지 39분이면 갈 수 있어 직주근접 경쟁력이 우수하다. 신분당선 용산 연장 추진이 성사될 경우, 장기적인 호재로도 작용할 전망이다. 또한 광교상현IC를 통해 용인서울고속도로까지 접근할 수 있어 서울과 동탄 모두로의 이동이 용이하다.

낮은 용적률(165%)과 건폐율(12%) 덕분에 쾌적한 단지 환경을 자랑하며, 단지에서 대로 하나만 건너면 초중고(새빛초·상현중·상현고)가 있어 학령기 자녀가 있는 가정에도 적합하다. 상현역 초역세권이므로 학원, 식당, 병원 등 상권도 잘 갖춰져 있다. 다만 인근에 대형 마트가 없는 점은 아쉬운 부분이다.

수지 현대는 경기도 용인시에서 세 번째로 상용근로자가 많은 지역에 위치한 국평 9억 원 이하 단지 중 시세가 9억 원에 가장 근접한 곳이다. 신분당선 수지구청역 역세권으로 출퇴근이 편리하며, 신분당선 용산 연장이 진행되면 장기적으로 긍정적인 영향을 미칠 것으로 보인다.

단지는 상권과 학원가가 발달해 생활 편의성이 높지만, 일부 유흥

세대수	입주연월	매매 시세(만 원)	전세 시세(만 원)	용적률
1,168	1994년 12월	83,500	47,500	210%

· 전용 84.51㎡ 기준

상권이 인근에 위치해 주거 환경 측면에서는 아쉬움이 있다. 단지 동쪽으로는 수지외식타운과 수지체육공원이 있어 가족 단위 생활에도 적합하다.

다만, 재건축 연한 도래로 인해 단지 내에서는 재건축과 리모델링 방향을 두고 의견이 엇갈리고 있으며, 평형이 22평과 31평만 존재하고 용적률이 높은 편이라 정비사업 추진에 어려움이 있다. 따라서 신축 가능성은 당분간 고려하지 않는 것이 좋다.

킨텍스 원시티 M2(고양)

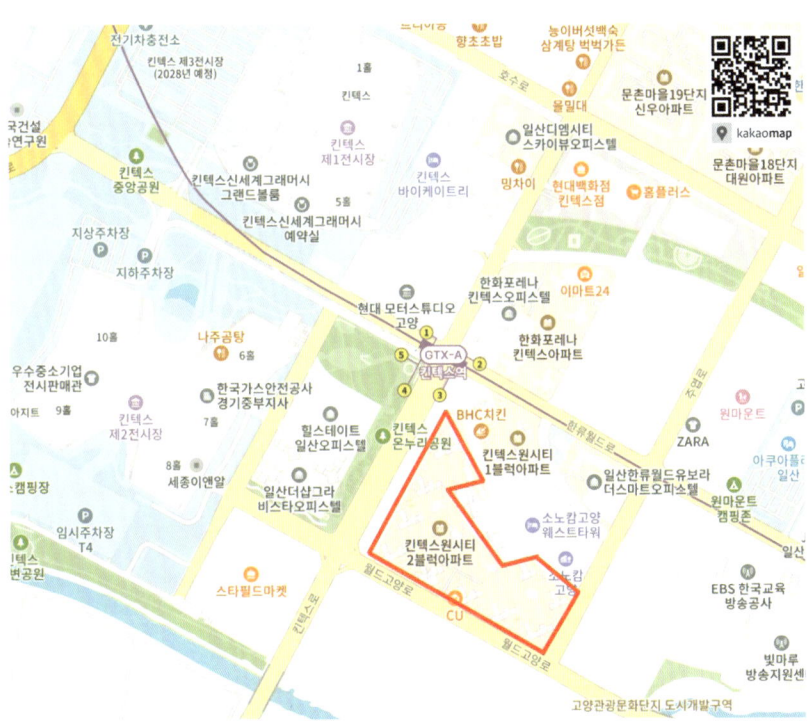

세대수	입주연월	매매 시세(만 원)	전세 시세(만 원)	용적률
959	2019년 8월	125,000	62,500	359%

• 전용 84.44㎡(C) 기준

킨텍스 원시티 M2는 경기도에서 네 번째로 상용근로자가 많은 고양시에 있다. 국평 15억 원 이하 단지 중 시세가 15억 원에 가장 근접한 곳이자 일산신도시의 대장주 단지이기도 하다.

단지는 GTX-A 킨텍스역 초역세권으로, GTX-A 삼성역이 2028년에 개통되면 삼성역까지 20분대로 갈 수 있어 직주근접 경쟁력이 크게 강화될 전망이다.

일산신도시 핵심 입지답게 단지 한 블럭 거리에 현대백화점 킨텍스점, 홈플러스 킨텍스점, 스타필드마켓 킨텍스점, 원마운트, 아쿠아플라넷 일산 등 풍부한 생활·문화 인프라가 있으며, 일산호수공원도 도보 거리에 위치해 쾌적한 환경을 제공한다.

또한 장기적으로 일산테크노밸리, 고양 방송영상밸리, K-컬처·마이스사업 클러스터가 조성되면, GTX-A 삼성역 개통 이후 킨텍스 원시티 M2의 직주근접 경쟁력은 한층 도약할 것으로 예상된다.

지축역 북한산유보라는 경기도에서 네 번째로 상용근로자가 많은 고양시에서, 국평 9억 원 이하 단지 중 시세가 9억 원에 가장 근접한 곳이다. 단지명 그대로 3호선 지축역 역세권 단지다. 초등학교(지축초)와 중학교(지축중)까지는 두 블록을 가야 하지만 멀지 않다. 단지 내 시립 어린이집도 있다.

또한, 단지 바로 옆에 지축근린공원과 창릉천 지천이 있어 쾌적한

지축역 북한산유보라(고양)

세대수	입주연월	매매 시세(만 원)	전세 시세(만 원)	용적률
549	2019년 10월	86,500	58,000	179%

• 전용 84.98㎡(A) 기준

환경을 자랑한다. 대로를 건너면 상권도 나름 충실하다. 대형 마트는 근처에 없지만, 2km 내에 스타필드 고양과 하나로마트 삼송점이 있어 차량으로 이용하기 편리하다. 단지 맞은편에 철도차량기지가 있는 점은 단점으로 꼽을 만하다.

이매촌 한신은 경기도에서 다섯 번째로 상용근로자가 많은 성남
시에서 국평 15억 원 이하 단지 중 시세가 15억 원에 가장 근접한 곳

이매촌 한신(성남)

세대수	입주연월	매매 시세(만 원)	전세 시세(만 원)	용적률
1,184	1992년 10월	150,000	68,000	210%

• 전용 84.90㎡ 기준

이다. 표에서 보다시피 국평 시세 자체가 15억 원이다. 수인분당선 서현역 역세권 단지로, 강남·여의도·광화문까지 다양한 직행버스가 운행된다.

서현역 상권이 단지 바로 앞에 포진해 있어 인프라가 충실하고, 분당제생병원이 가까워 고령화 시대에도 장점으로 작용한다. 역세권이면서도 단지 주변을 탄천과 서현근린공원이 감싸듯 자리해 쾌적하다. 단지에서 1.5km 이내에는 현대백화점 판교점이 있어 쇼핑하기도 편리하다.

또한 이매촌 한신은 이매촌 동신·금강·동부코오롱·청구·성지와 통합 재건축을 위한 양해각서(MOU)를 체결해 규모의 경제 효과를 노리고 있다. 다만 통합 재건축은 이해관계가 복잡해 언제 신축으로 거듭날지는 예측하기 어렵다.

힐스테이트 포웰시티는 최근 3년간 경기도에서 네 번째로 상용근로자가 많이 늘어난 하남시에서 국평 15억 원 이하 단지 중 시세가 15억 원에 가장 근접한 곳이다. 최대 호재는 3호선 감일역이다. 감일역은 2027년 착공해 2032년 정식 개통될 예정이며, 단샘초 삼거리에 조성된다. 계획대로 진행되면 힐스테이트 포웰시티는 현재 지하철이 없는 단지에서 7년 후 역세권 단지로 거듭난다.

실거주 측면에서도 대부분 동호수에서 탁 트인 외부 전망을 누릴

힐스테이트 포웰시티(하남)

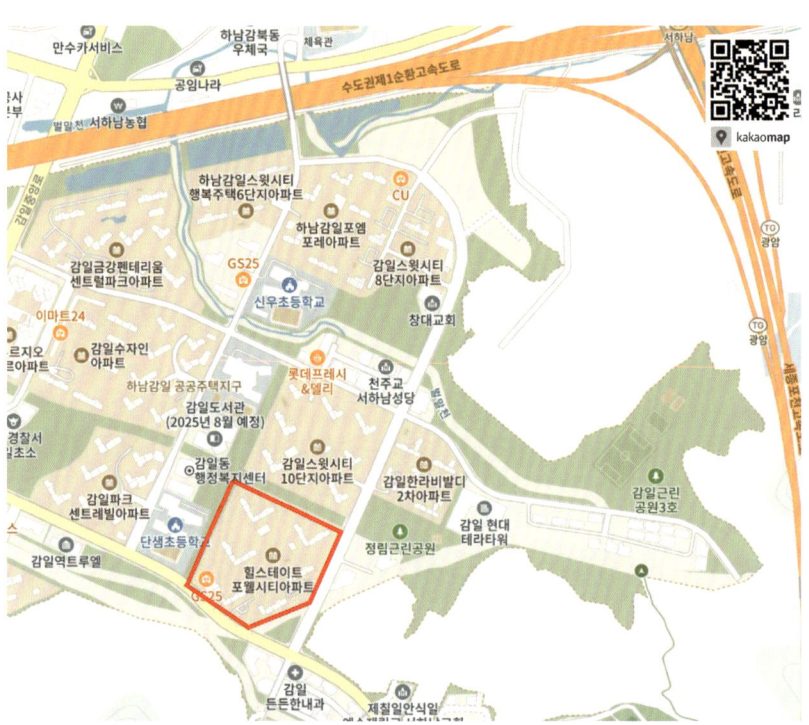

세대수	입주연월	매매 시세(만 원)	전세 시세(만 원)	용적률
932	2020년 10월	132,500	63,000	219%

• 전용 84.42㎡ 기준

수 있도록 설계됐다. 초등학교(단샘초)와 고등학교(감일고)는 도로 하나 건너지 않고 갈 수 있으며, 단지 앞뒤로 큰 규모의 유치원(단가람·감일)도 있어 어린아이를 키우기에도 좋다. 다만 중학교(감일백

한강 메트로자이2단지(김포)

세대수	입주연월	매매 시세(만 원)	전세 시세(만 원)	용적률
2,456	2020년 7월	70,000	43,500	228%

• 전용 84.94㎡(A) 기준

제중)는 다소 떨어져 있다.

한강 메트로자이2단지는 최근 3년간 경기도에서 일곱 번째로 상용근로자가 많이 늘어난 김포시에서 국평 시세가 가장 높은 곳이다. 김포골드선 걸포북변역 준역세권 단지이며, 단지 안에는 유치원(아리유치원)과 초등학교(나진초)가 붙어 있다. 서울행 광역버스 노선도 잘 갖춰져 있다.

단지 내에는 텐트를 칠 수 있는 캠핑 공간이 세 곳 있으며, 바비큐 시설도 마련돼 있다. 규모 있는 농장(자이팜)도 있어 이채로운 특징을 가진다. 단지 북쪽은 나진포천, 동쪽은 걸포중앙공원, 남쪽은 걸포마루공원이 감싸듯이 위치해 조경에도 힘을 쏟아 자연친화적 느낌이 물씬 난다. 중고등학교까지는 거리가 있고, 주변 상권이 다소 미비한 점은 아쉽지만, 단지 내 이마트 에브리데이가 있어 생필품 구입에는 큰 어려움이 없다.

의정부역 센트럴자이앤위브캐슬은 최근 3년간 경기도에서 여덟 번째로 상용근로자가 많이 늘어난 의정부시에서 국평 시세가 가장 높은 곳이다. 1호선 의정부역 준역세권 단지이며, 의정부역에는 신세계백화점 의정부점이 있고 인근에 의정부역 로데오거리도 있어 쇼핑이 편리하다.

단지 맞은편에 초등학교(경의초)가 있어 통학도 용이하다. 2027년 입주 예정인 더샵 의정부역링크시티와 함께 장기간 의정부 대장주 단지의 위치를 유지할 것으로 예상된다. GTX-C가 개통되면 서

의정부역 센트럴자이앤위브캐슬(의정부)

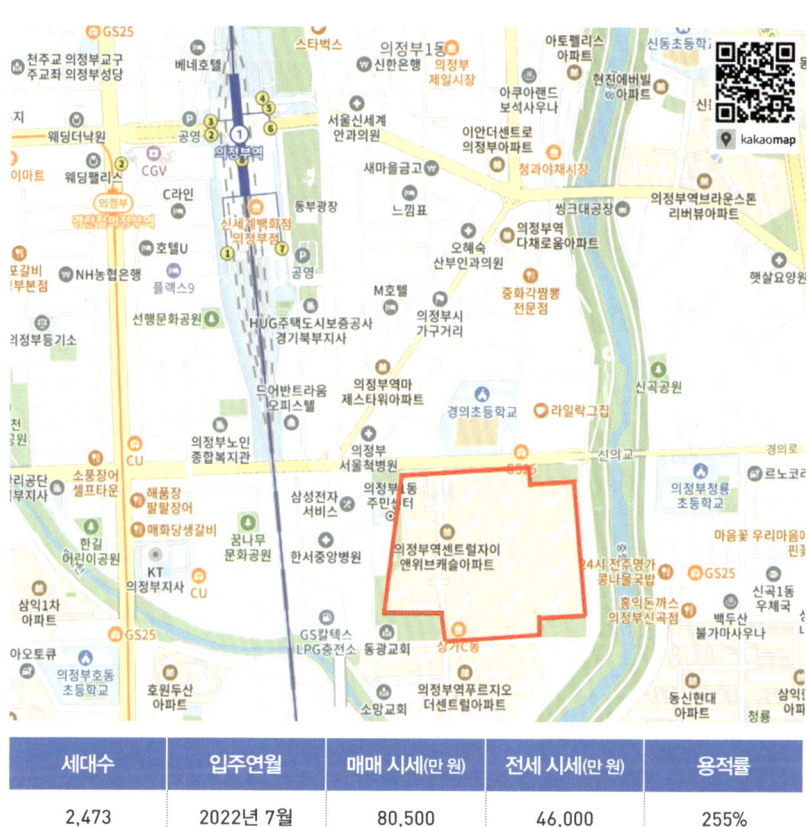

세대수	입주연월	매매 시세(만 원)	전세 시세(만 원)	용적률
2,473	2022년 7월	80,500	46,000	255%

• 전용 84.87㎡(A) 기준

울 동남권 접근성이 크게 개선되지만, 아직 착공되지 않아 GTX-C 호재를 보고 투자하려면 착공 여부를 확인한 뒤 매수하는 것이 좋다.

대구와 울산 직주근접

대구 출근 시간대 하차 인원 1위는 반월당역이다. 반월당역 반경 500m 안에는 500세대 이상 단지가 없어서, 반월당역과 한 정거장 떨어진 4개 역 중 500세대 이상 대장주 단지를 선정한 결과 남산 롯

남산 롯데캐슬센트럴스카이(대구)

세대수	입주연월	매매 시세(만 원)	전세 시세(만 원)	용적률
987	2021년 9월	77,500	38,500	273%

• 전용 84.93㎡(A) 기준

데캐슬센트럴스카이가 꼽혔다. 반월당역에도 도보로 이동 가능한 수준이어서 준역세권 단지로 볼 수 있다. 남산 롯데캐슬센트럴스카이는 대구에서 손꼽히는 직주근접 경쟁력을 갖춘 단지다.

이안센트럴D, 동대구역 화성파크드림(대구)

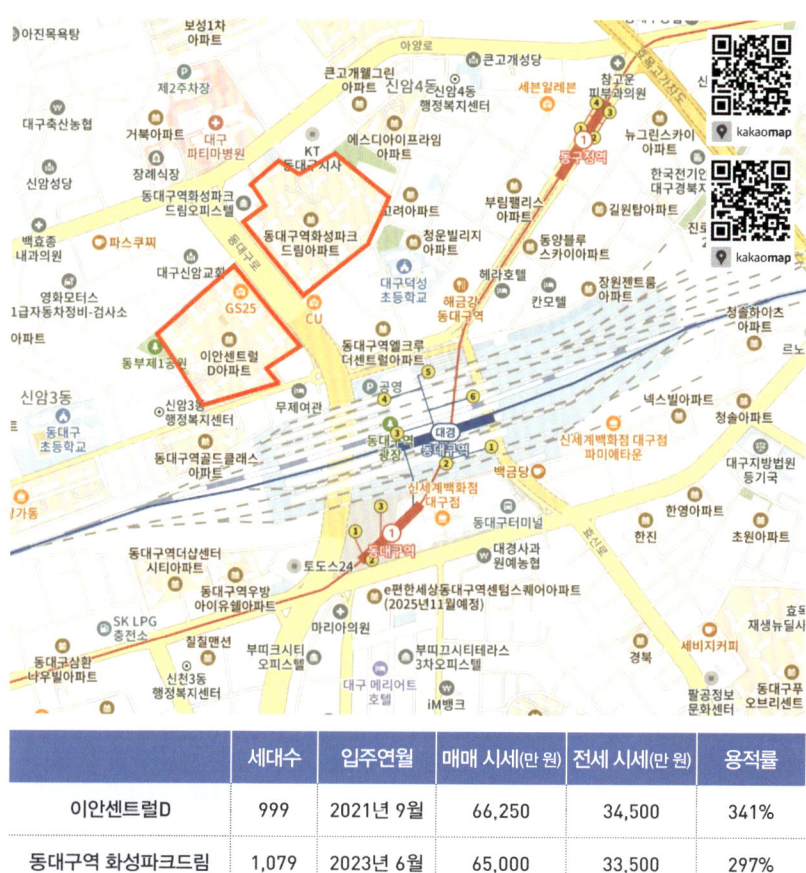

	세대수	입주연월	매매 시세(만 원)	전세 시세(만 원)	용적률
이안센트럴D	999	2021년 9월	66,250	34,500	341%
동대구역 화성파크드림	1,079	2023년 6월	65,000	33,500	297%

• 이안센트럴D 전용 84.98㎡(A), 동대구역 화성파크드림 전용 84.81㎡ (A) 기준

이 단지의 장점은 여기에 그치지 않는다. 대로 하나만 건너면 계명대 대구동산병원이 있고, 더현대 대구점도 인근에 위치해 있다. 고령화 시대와 영앤리치의 증가를 고려하면 대형 병원과 대형 백화점의 존재는 입지 경쟁력을 높이는 요소다. 게다가 남산 롯데캐슬센트럴스카이는 아직 신축 범주에 속하는 연식이다.

이안센트럴D는 동대구역 화성파크드림보다 동대구역에 조금 더 가까워, 매매 시세와 전세 시세 모두 근소한 우위를 가지고 있다. 두 단지 모두 동대구역뿐 아니라 신세계백화점 대구점과도 접근성이 뛰어나 쇼핑을 즐기는 수요자에게도 어필할 만하다. 단지가 동대구역에 인접해 있어 대구 전역으로 이동할 수 있는 버스 노선도 잘 갖춰져 있다.

단지 북쪽에는 대구 파티마병원이 위치해 있다. 다만 중고등학교가 멀고 학원가가 조성되어 있지 않아, 중고등학생 자녀가 있는 부부에게는 선택이 어려운 단지이기도 하다.

힐스테이트 대구역은 대구 출근 시간대 하차 인원 3위인 중앙로역 역세권 단지다. 사실 단지명 그대로 중앙로역보다는 대구역에 더 가까운 단지이나 중앙로역으로부터 300m 이내에 위치해 있어 중앙로역 역세권 단지로 삼아도 문제없다고 판단했다.

힐스테이트 대구역(대구)

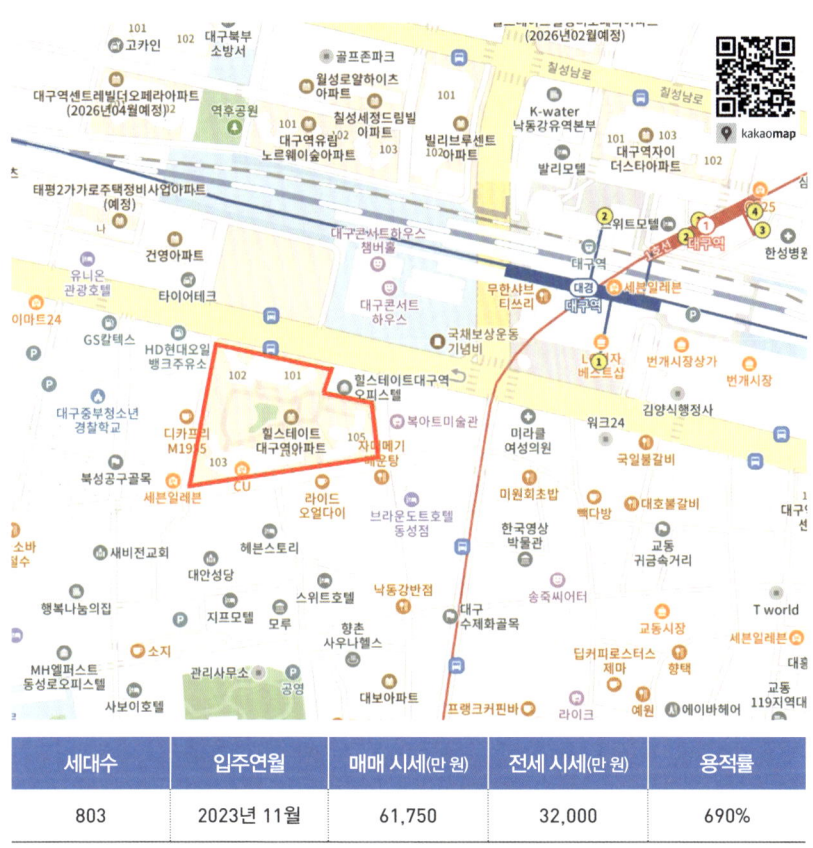

세대수	입주연월	매매 시세(만 원)	전세 시세(만 원)	용적률
803	2023년 11월	61,750	32,000	690%

• KB시세 미기재로 전용 84.99㎡ 매매 시세는 7월 평균 실거래가, 전세 시세는 6월 실거래가 기재

　　게다가 사실 중앙로역 반경 500m 이내에 유일하게 위치한 아파트가 힐스테이트 대구역뿐이기도 하다. 대구역과 함께 있는 롯데백화점 대구점도 단지 인근에 있어서 쇼핑 인프라가 좋은 편이다. 힐스

테이트 대구역 주변은 근현대적 건물들이 여럿 있어 고풍스러운 분위기도 자아낸다. 초등학교가 조금 멀고 나홀로 아파트라는 인상이 있는 점이 단점으로 꼽히나 대구에서 가장 큰 번화가에 가장 가까운 아파트라는 입지 요소는 인프라 측면에서 수요층에 어필하는 부분

센트로팰리스(대구)

세대수	입주연월	매매 시세(만 원)	전세 시세(만 원)	용적률
843	2007년 3월	44,000	30,000	–

• 전용 80.70㎡(A) 기준

이다.

센트로팰리스는 대구 출근 시간대 하차 인원 1위인 반월당역과 한 정거장 떨어진 경대병원역 초역세권 단지다. 직주근접 경쟁력이 높으며, 역 이름 그대로 경북대병원이 근처에 있는 점도 장점으로 꼽힌다. 이 영향으로 단지 주변에는 경북대 치과병원, 누네안과병원, 메디아트의원 등 병원이 밀집해 있다. 고령화 시대에는 병원의 존재 여부가 입지 가치에서 차지하는 비중이 커진다.

초등학교(동덕초)가 다소 먼 점은 단점이지만, 중학교(경북대 사대부중)와 고등학교(경북대 사대부고)가 단지와 붙어 있는 점은 장점이다. 대형 병원과 역이 함께 있어 주변 상권도 충실하다.

수성 범어W는 대구에서 500세대 이상 되는 아파트 단지 중 국평 시세가 가장 높은 곳이다. 용적률에서 알 수 있듯이 주상복합 단지다. 그리고 범어역은 대구 출근 시간대 하차 인원 1위인 반월당역과 세 정거장 떨어진 곳인데 수성 범어W는 범어역 초역세권 단지다.

수성 범어W가 대구에서 가장 높은 시세를 자랑하는 것은 단지 잘 꾸며진 신축이기 때문이 아니다. 대구의 중심 수성구, 수성구의 중심인 범어네거리에 위치하고 있는 신축이기 때문이다. 범어네거리에는 대구고등법원, 대구지방법원, 대구지방검찰청, 수성구청, KBS 등

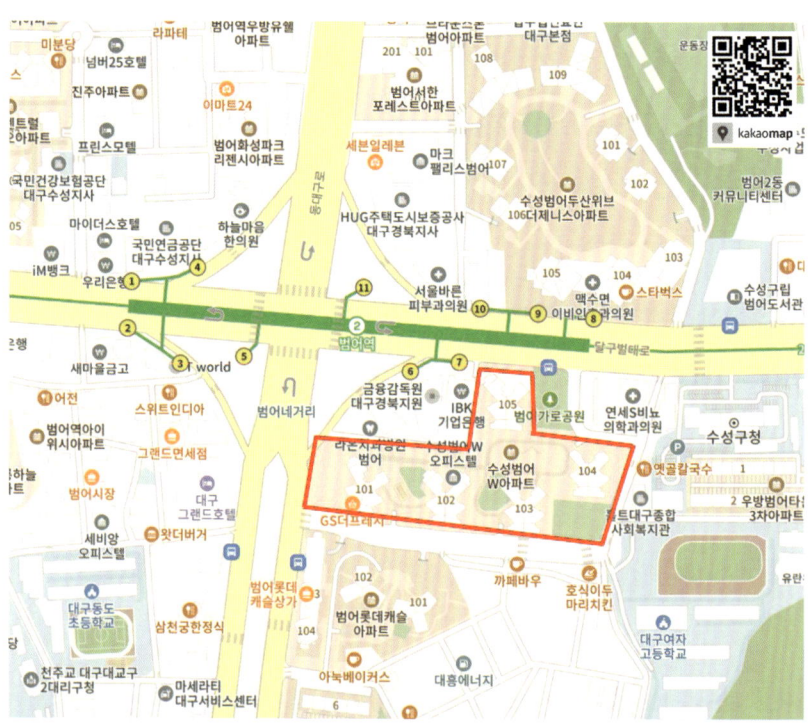

세대수	입주연월	매매 시세(만 원)	전세 시세(만 원)	용적률
1,340	2023년 12월	140,000	61,000	1,070%

• 전용 84.99㎡(B) 기준

고급 일자리가 넘친다. 출근 시간대 하차 인원 1위 반월당역 접근성
도 뛰어나지만 반월당역에 기댈 필요가 없는 곳이다. 게다가 대구의
학원가가 밀집한 수성구청역과도 한 정거장 거리다. 비쌀 수밖에 없

는 대구의 대장주인 셈이다.

문수로2차 아이파크1단지는 울산에서 상용근로자 수가 가장 많
은 남구에서 국평 시세가 가장 높은 곳이다. 남구뿐 아니라 울산 전

문수로2차 아이파크1단지(울산)

세대수	입주연월	매매 시세(만 원)	전세 시세(만 원)	용적률
597	2013년 12월	90,000	57,000	248%

· 전용 84.94㎡(B) 기준

체에서 500세대 이상 단지 중 국평 시세가 가장 높은 곳이다.

울산에서 양질의 직장에 다니는 근로자가 가장 많은 남구에서 문수로2차 아이파크1단지가 대장주 자리를 지키는 이유 중 하나는 학군이다. 초등학교(신정초)가 가까운 곳에 있으며, 단지 남쪽에 자리한 학성중과 울산서여중은 울산에서도 가장 선호되는 중학교다. 유명한 학성고와 신정고도 함께 있어 자녀가 있는 학부모에게는 매력적인 곳이다. 좋은 입지와 함께 단지 관리가 잘 되고 있는 점도 장점이다.

울산 송정 반도유보라아이비파크는 울산에서 상용근로자 수가 두 번째로 많은 북구에서 국평 시세가 가장 높은 곳이다. 2018~2019년에 대규모 신축이 입주하며 신도시 느낌을 주는 송정지구에서 대장주 단지로 평가된다. 초등학교(고헌초)를 단지 내에 품고 있다는 점은 송정지구에 관심 있는 수요층에게 가장 어필하는 요소다. 도로 하나를 건너면 송정지구 중심상가가 있으며, 스타벅스, 은행, 병원, 올리브영 등 상권이 잘 구성돼 있다. 송정지구에서 유일하게 1,000세대가 넘는 대단지로 울산에서 거래량이 가장 많은 곳이다.

문수산 동원로얄듀크는 울산에서 상용근로자 증가폭이 가장 높은 울주군에서 국평 시세가 가장 높은 단지다. 단지 앞 대로를 건너면

울산 송정 반도유보라아이비파크(울산)

세대수	입주연월	매매 시세(만 원)	전세 시세(만 원)	용적률
1,162	2019년 2월	60,000	40,500	179%

• 전용 84.94㎡(A) 기준

초등학교(무거초)와 중학교(장검중)가 있다. 단지 바로 앞에 울산고속도로 진입로가 있어 부산, 포항 등으로 빠르게 이동할 수 있다. 특히 39평형은 조망이 좋은 것으로도 유명하다. 다만 주변 상권이 상

문수산 동원로얄듀크(울산)

세대수	입주연월	매매 시세(만 원)	전세 시세(만 원)	용적률
625	2017년 8월	60,000	41,000	248%

· 전용 84.99㎡ 기준

대적으로 미비하고, 고등학교(문수고)가 멀리 있는 점은 아쉬운 부분이다.

굴화강변 월드메르디앙은 울산에서 상용근로자 증가폭이 가장 높은 울주군에서 국평 시세가 두 번째로 높은 단지다. 2026년에 근로복지공단 울산병원이 단지 근처에 세워질 예정이며, 단지 서쪽으로는 울산원예농협 하나로마트가 있어 생활 편의성이 좋다. 문수산 동

굴화강변 월드메르디앙(울산)

세대수	입주연월	매매 시세(만 원)	전세 시세(만 원)	용적률
696	2008년 12월	52,500	35,500	252%

• 전용면적 84.55㎡ 기준

울산 지웰시티자이1·2단지(울산)

	세대수	입주연월	매매 시세(만 원)	전세 시세(만 원)	용적률
울산 지웰시티자이1단지	1,371	2023년 5월	58,500	41,000	246%
울산 지웰시티자이2단지	1,316	2023년 5월	56,000	39,500	297%

• 1단지 전용 84.99㎡(A), 2단지 전용 84.98㎡(D) 기준

원로얄듀크와 마찬가지로 단지 근처에 울산고속도로 진입로가 있어 자차로 부산, 포항까지 이동이 편리하다.

건폐율이 51%로 단지 안이 다소 답답하게 느껴질 수 있다. 그러나 단지 둘레에 산책길이 잘 조성되어 있고 태화강변이 근처에 있어 높은 건폐율이 주는 답답함을 상쇄한다.

울산 지웰시티자이1단지와 2단지는 울산에서 상용근로자 증가폭이 두 번째로 높은 동구에서 국평 시세가 가장 높은 곳들이다. 두 단지는 도로 하나를 사이에 두고 마주보고 있는데, 매매 시세와 전세 시세 모두 1단지가 약간 우위를 보인다. 이는 1단지가 단지 서쪽에 위치한 서부초에 배정되는 반면, 2단지는 북쪽에 위치한 녹수초에 배정되기 때문이다. 2단지가 상권이 더 우수하고 일부 동에서는 바다를 볼 수 있지만, 시세에서 약간 밀리는 것을 보면 울산에서도 학교가 입지에서 중요하다는 사실을 알 수 있다. 단지와 가까운 곳에 울산대병원, 현대백화점 울산동구점, 현대중공업 사업장이 있어 직주근접과 주변 인프라가 우수하다.

시나리오마다
준비된 자세가 필요하다

2017년부터 2020년까지 매년 책을 냈지만, 본업이 점점 더 많은 업무와 책임을 요구하면서 이후에는 2년 주기로 책을 내게 됐다. 그런 내가 2024년 11월 말 《상급지 입성 마지막 기회가 온다》를 내고 채 1년도 되지 않아 《이재명 시대 부동산》을 낸 이유는, 정권 교체가 부동산 시장에도 남다른 의미를 지니기 때문이다.

정권 교체는 곧 부동산 정책의 변화를 의미하며, 이는 부동산 시장 패러다임의 변화로 연결된다. 예상치 못한 조기 정권 교체는 부동산 시장 접근 방식도 달라져야 함을 뜻한다.

이 책은 이재명 정부 출범 이후 부동산 시장에 어떤 변화가 생길지, 집값을 움직이는 변수는 무엇인지, 앞으로 유망한 지역과 단지들은 어디일지를 하나하나 짚어가며 집필한 결과물이다.

우리는 지금, 과거 어느 때보다 복합적인 시대에 살고 있다. 정책은 수시로 바뀌고, 금리는 출렁이며, 공급과 수요는 불균형을 드러낸다. 정권 교체로 우리는 전환기의 입구에 서 있다.

그렇기에 지금 필요한 것은 '확신'이 아니라 '시나리오별 준비된 자세'다. 특히 정권이 바뀐 지금, 한 가지 가능성만 믿고 움직이는 것이 아니라, 다양한 변수에 대응할 시야와 전략이 필요하다. 그것이 이 책이 독자에게 가장 전하고 싶은 메시지다.

나는 독자들이 부동산 시장을 '매수 vs. 매도'의 단순한 프레임이 아니라, 긴 호흡을 가진 전략적 게임으로 바라보길 바란다. 그런 관점에서 이 책이 독자들의 선택에 도움을 주는 길라잡이가 됐으면 좋겠다.

끝으로 감사의 말을 전하고 싶다.

오랜 인연의 위즈덤하우스 임경은 편집자님은 이번 책에서 더 큰 비중으로 작업을 도와주셨다. 또한 지금의 나를 있게 한 부동산스터디 카페 대표 붇옹산님, 늘 격려를 주시는 블로그 이웃들과 여러 카페 회원님들에게도 감사드린다. 마지막으로 내 존재의 이유인 아내와 아이들에게 사랑과 감사의 마음을 전한다.

그렇기에 지금 필요한 것은 '확신'이 아니라
'시나리오별 준비된 자세'다.

특히 정권이 바뀐 지금, 한 가지 가능성만 믿고 움직이는 것이 아니라,
다양한 변수에 대응할 시야와 전략이 필요하다.

부동산 시장이 재편된다
이재명 시대 부동산

초판 1쇄 인쇄 2025년 9월 3일
초판 1쇄 발행 2025년 9월 17일

지은이 삼토시(강승우)
펴낸이 최순영

출판2 본부장 박태근
경제경영 팀장 류혜정
편집 임경은
디자인 김태수

펴낸곳 ㈜위즈덤하우스 **출판등록** 2000년 5월 23일 제13-1071호
주소 서울특별시 마포구 양화로 19 합정오피스빌딩 17층
전화 02) 2179-5600 **홈페이지** www.wisdomhouse.co.kr

ⓒ 삼토시, 2025

ISBN 979-11-7171-506-0 03320